Die bekannte Unbekannte

Hanna-Barbara Gerl

Die bekannte Unbekannte

Frauen-Bilder in der Kultur- und Geistesgeschichte

Matthias-Grünewald-Verlag · Mainz

Matri dilectae

3. Auflage 1993
© 1988 Matthias-Grünewald-Verlag, Mainz
Das Werk einschließlich aller seiner Teile ist urheberrechtlich
geschützt. Jede Verwertung außerhalb der engen Grenzen des
Urheberrechtsgesetzes ist ohne Zustimmung des Verlags unzulässig
und strafbar. Das gilt insbesondere für Vervielfältigungen,
Übersetzungen, Mikroverfilmungen und die Einspeicherung und
Verarbeitung in elektronischen Systemen.
Umschlag: Ulrike Bettermann, unter Verwendung
eines Wandbildes aus Pompeji
Satz: Kösel, Kempten
Druck und Bindung: Weihert-Druck, Darmstadt
ISBN 3-7867-1365-0

Inhalt

I. Altes und Neues aus der Schatztruhe: Einführung .. 7

II. »Herkunft bleibt Zukunft«. Frau und Mann in
Geistesgeschichte und Religion 11

III. Was hält die Frauen in der Kirche? Vier mögliche
Antworten 54

IV. Arbeit an einer künftigen Beziehung:
Frau und Kirche 64

V. Ganzwerden – eine Utopie? Ein Blick in das
Spannungsgefüge weiblicher Identität 79

VI. »Stern über dem Meer«. Marias symbolische und
biblische Gestalt 98

VII. Ist Vollkommenheit langweilig? Oder: Auf der Suche
nach einer »anderen« Maria 116

VIII. Mutter Natur – Sklavin Materie – Schöpfung.
Über eine neue »Andacht zur Erde« 128

IX. Gott – Vater und Mutter? Der Anspruch der beiden
Testamente 147

Personenregister 161

I. Altes und Neues aus der Schatztruhe:
Einführung

In unserer geschichtlichen Herkunft sind der Frau unterschiedliche Aufgaben zugewiesen und ebenso abgestritten worden: Die heute wieder modern gewordene Frage nach dem »Wesen der Frau« findet keine schlüssige – und die Frauen befriedigende – Antwort. Ein Blick in die Vergangenheit zeigt eine magisch-mütterliche Macht der Frau in der Vorgeschichte, oder die Frau als die »andere«, gelassen-wirksame Seite des Menschen in der mythischen Aussage, oder schließlich die Frau, bis in die jüngste Vergangenheit reichend, als die Häusliche, Dienende, hörend Unmündige, unter ihren Schleiern Verborgene (auch verborgen Herrschende!), die an der männlich geprägten Welt teilnimmt, sie aber kaum im Sichtbar-Aktiven bestimmt.
Seit spätestens diesem Jahrhundert stehen wir vor der Herausforderung all dieser (nacheinander oder gleichzeitig wirkenden) Möglichkeiten: Weithin bahnt sich eine Überwindung der gewohnten Geschlechterordnung ab, und zwar durch eine Einsicht, die ihre eigenen Ziele erst unscharf angeben kann. Auf jeden Fall wird das Ungleichgewicht der Geschlechter bewußt; seit der frühen Neuzeit, heftiger seit dem 19. Jahrhundert, erstarkt eine Frauenbewegung, deren Gesamtimpuls noch nicht abzusehen ist. Immer neue lebensmäßige, künstlerische, gedankliche Energien werden freigesetzt, nicht zuletzt ist eine »Gleichberechtigung« gesetzlicher Art gewonnen. Trotzdem: Viele Forderungen, die bereits eingelöst wurden, erscheinen noch als zu oberflächlich gelebt und noch nicht aus der Tiefe einer wirklichen Wandlung der Geschlechterbeziehung stammend. Dazu kommt, daß das Thema »Frau« heute modisch-kurzlebig entweder unter mancherlei pragmatischen Hinsichten benutzt oder zweckdienlich ideologisch verzeichnet wird, nicht selten auch von Frauen.
In dieser offenen Entwicklung stellen sich gerade in den letzten Jahren widersprüchlichste Aussagen über Natur (Wesen) und Kul-

tur (Aufgaben und Funktionen) der Frau ein. Im Christentum half zunächst grundlegend die Antwort von der Ebenbürtigkeit der Frau und ihrer Abbildlichkeit des Schöpfers selbst, wie im zweiten Genesisbericht bezeugt. Freilich wiesen andere biblische Texte ebenso deutlich auf eine notwendige Unterordnung der Frau hin (Paulus-Briefe), so daß sich gerade in der heutigen Frauengeneration die Frage erhob, ob denn auch die Bibel die von der Gesamtkultur gewohnten Vorzeichen nur noch einmal bestätige, damit aber unausweichlich mache. Diese Frage wurde um so gewichtiger, je mehr auf staatlicher und gesellschaftlicher Ebene die freie Selbstbestimmung der Frau zumindest rechtlich anerkannt wurde.
So setzte in der jüngsten Vergangenheit von seiten der Christinnen ein aufmerksamer, auf die ganze Wahrheit drängender Umgang mit der biblischen Aussage ein. Und in der Tat lassen sich heute weithin übersehene Texte mit neuen Augen lesen, ja das Gottesbild selbst gewinnt reichere Konturen. Wenn heute die »mütterliche Seite« Gottes entdeckt wird, so hat das weder mit einem Rückfall in Magisch-Unbewußtes zu tun noch mit einer Kampfansage an das Väterliche in Gott, übrigens auch nicht mit einer gefühlsmäßigen oder rationalen Betonung seines »anderen Poles«. Sollte dies alles sein, dann geht die Entdeckung über einen psychischen Nachholbedarf nicht hinaus. Vielmehr stehen die biblischen Bezeugungen der Mütterlichkeit Gottes unter dem Anspruch und dem Ernst, den die Offenbarung immer hat. Somit läuft sie – wie immer und wie schon im Vaterbild – quer zu den natürlichen Erfahrungen, seelischen Spiegelungen, Selbstbestätigungen. Im Letzten ist Gott *über* den Geschlechtern neu wahrzunehmen.
Gerade von daher geleitet, ginge es auch in der christlichen Anthropologie darum, die Frau nicht mehr (nur) als Gattungswesen oder als Trägerin der »anima« oder unter dem Vorzeichen des abstrakten »gleichen Rechts« zu sehen, sondern sie als Mensch »durchsichtig« zu machen. (Auf diesem Weg befindet sich bereits eine neue Mariologie, die den Gedanken des »integralen Menschen« erstmals an einer Frau einsichtig formuliert.) Heute steht im christlichen Bewußtsein das Gewinnen eines ganzheitlichen Menschseins an, das sich in besonderer Gültigkeit an der Frau zu bewähren hat:

nämlich weder in einer bloßen Rückkehr zur Mütterlichkeit noch in ihrer bloßen Verweigerung, auch nicht in einer bloßen Rationalisierung der Frau oder ihrer Verhinderung. Weniger denn je dürfen diese Gesamtanlagen vereinseitigt (und damit ausgenützt) werden. Das Christentum hält hier noch eine Blickschärfung parat, die auch von der »Gemeinschaft der Gläubigen« selbst, also der Kirche, wahrgenommen werden muß. Genau wie die Kirche diese Wahrheit in ihr eigenes Fleisch verwandeln muß: Sie, die Mutter, muß sich den entwachsenden Töchtern (und Söhnen) noch einmal in allem Ernst öffnen, vielleicht mit ihnen wachsen. Wiederum gilt aber auch: Die Aufgabe des Eindringens oder mindestens der Annäherung an eine größere Identität kann nicht einfach abgenommen werden, von einer (wohlmeinenden männlichen) Theologie etwa, obwohl ihre Hilfestellung wesentlich ist; vielmehr ist sie tatsächlich eine Aufgabe der Frauen selbst, und zwar sowohl von einem denkerischen wie spirituellen Klarwerden her. Nicht nur Selbsterfahrung und Selbstreflexion, sondern auch Gottesbeziehung ist unabdingbar. Das Ziel dieser aufmerksamen Neufindung sei mit dem Mut Edith Steins formuliert: »Menschsein ist das Grundlegende, Frausein das Sekundäre.«[1]
Darin liegt nicht die Gefahr eines Neutrums und einer Schreibtisch-Gleichheit. Denn: In diesem gemeinsamen Menschsein ist Geschichte gegenwärtig und wirksam; der »reizende Unterschied« (Kant[2]) bleibt ja erhalten, verliert aber seine (selbst)zerstörerische Gegensetzung. Wie das reine Licht alle Farben zusammenfaßt, deswegen aber nicht auslöscht, könnte man in dem Menschsein eine »höchste unteilbare Energie« (Goethe) sehen, die das Auslöschen nicht der Besonderheit, sondern des Widerspruches der Geschlechter meint. Visionen dieser Möglichkeit sind übrigens schon gegeben: »Diese Augen, die zum Beispiel so sanft und zärtlich waren, daß ich glaubte, meine Mutter vor mir zu haben, wurden im Augenblick darauf leidenschaftlich und zwingend wie die einer

---

[1] Edith Stein, Grundlagen der Frauenbildung; Diskussion zum Vortrag am 9. 11. 1930 (nur maschinenschriftlich im Karmel Köln), 10.
[2] Immanuel Kant, Beobachtungen über das Gefühl des Schönen und Erhabenen, Königsberg 1764, 49.

Frau – so gebieterisch rein zugleich, daß unter ihrer Herrschaft das Empfinden physisch unfähig gewesen wäre, irrezugehen. Und dann erfüllte sie wiederum eine große und männliche Majestät, ähnlich jener, die man in den Augen eines sehr mutigen, sehr feinen oder sehr starken Mannes liest, allerdings unvergleichlich höher und köstlicher zu ertragen.«[3]
Von wem ist hier die Rede? Teilhard bezieht sich auf eine Christus-Ikone. Zugleich ist klar, daß Personalität, auch die des Menschen, gerade *so* erfahren wird, wenn man ihrem glühenden Kern nahe kommt: als »der Widerschein all dessen, was bezaubert, all dessen, was lebt«[4].
Auf der Suche nach dieser umfassenden, alle Schöpfung spiegelnden Personalität der Frau geht es in dieser Sammlung von Essays um zwei Aufgaben: um eine Rekonstruktion unterschiedlicher Frauen-Bilder in der Geistesgeschichte und, von daher inspiriert, um die Blickschärfung für die mit Macht andringende Neuwahrnehmung der heutigen Frau.
Es bleibt Leser und Leserin überlassen, die auftauchenden Figurinen auf diesem schmalen Welttheater zu vermehren, anzureichern, neu zu bekleiden, auf- und abtreten zu lassen – wenn nur die Einsicht in die unerschöpfliche Schöpfung, die verschwenderische Ausstattung des Weiblichen, seine kostbare Unbestimmbarkeit bewahrt bleibt. *Weil* sich darin, der Unbestimmbarkeit des Mannes verwandt, über alle der Erfahrung und dem Denken zugänglichen Einzelheiten hinaus ein unfaßliches Gesicht abzeichnet: das Gesicht eines Urlebendigen, der seine Geschöpfe ebenso festlegt wie freiläßt.

---

[3] Pierre Teilhard de Chardin, Lobgesang des Alls, Freiburg 1967, 51 f.
[4] Ebd., 51.

II. »Herkunft bleibt Zukunft«
Frau und Mann in Geistesgeschichte und Religion

Es gibt ein Verständnis von Geschichte, wo sie einfach nach Archiv, Museum, Gelehrsamkeit riecht. Dabei bleibt das Gewußte äußerlich, nach rückwärts und vorgestern gewußt, so daß »der moderne Mensch (...) zuletzt eine ungeheure Menge von unverdaulichen Wissenssteinen mit sich herum(schleppt), die dann bei Gelegenheit auch ordentlich im Leibe rumpeln, wie es im Märchen heißt«.[1] So transportiert man Bruchstücke des Vergangenen, etwa auch Festgefrorenes über das Wesen von Mann und Frau, das nicht mehr von seiner lebendigen Entstehung her erhellt ist und sich so lange wiederholt, bis es als bloße Last ausgespien wird (wie es im Augenblick mit dem sogenannten »christlichen Menschenbild« geschieht).
Dieser musealen Geschichte läßt sich mit einem zweiten Verständnis entkommen: Das Uralte erscheint unvermittelt brandneu. Wieder sind es Bruchstücke, die sich aber wider Erwarten zu einem – merkwürdig modischen – Cluster zusammenfügen. Nebelhaft schöne Matriarchate fordern das Patriarchat heraus; »Befreiungspotentiale« des Mythos überrunden alle -logien; erträumtes Vorgestern ist eingeklagtes Übermorgen. Kulturrevolution im wörtlichen Sinn wird nötig: das Zurückdrehen der Kultur auf ein gutes Einmal. Im äußersten Fall zerfällt die Geschichte: in die Geschichte unterdrückter guter Möglichkeiten und in die Kriminalgeschichte der Tatsachen. Auch die Zuordnung von Frau und Mann findet sich – unschwer zu erraten wie – in diesem Raster wieder.
Es gibt noch eine dritte Möglichkeit: Geschichte überhaupt hinter sich zu lassen und die Utopie, das Nie-Dagewesene zum Maß zu machen. Hier erscheint – am nie eingeholten Horizont – der »neue Mensch«, der »menschliche Mensch«, der »zukünftige Mensch«, Ausbund aller selbstverdankten Größe, den herrschaftsfreien Dia-

---
[1] Friedrich Nietzsche, Vom Nutzen und Nachteil der Historie für das Leben, Stuttgart 1964, 28.

log beherrschend usf. Hier wird die – geschichtliche – Differenz von Frau und Mann als unbrauchbar, eben als bedingt abgeladen; im Unbedingten, z. B. im unbedingt Gleichen, beginnt die lichte Zukunft.
Diese Positionen sind, im Extrem gelesen, falsch, jede wohl auf ihre Weise tödlich. Sie transportieren aber in Maßen unterschwellig eine richtige Frage, nur daß die gegebene Antwort die Frage wieder zerstört. Der Fragenknäuel lautet: Wie bezieht sich das Alte auf das Neue? Die Erfahrung anderer auf mein eigenes Leben? Bis zu welchem Grad vertieft, ja ermöglicht das Geschehene einen Zugang zu der eigenen Wirklichkeit, indem es in vorher nicht gesehene Dimensionen einführt und den mühsamen Bildungsprozeß des einzelnen durch ein Vorbild abkürzt – was der legitime Grund aller Tradition ist als der Überlieferung erprobter Anweisungen? Aber bis zu welchem Grade auch verdeckt das Altbekannte die jeweilige Lage, führt es zur Abstraktion vom Hier und Jetzt, wird das Modell zum Zwang eines fremden Lebens anstelle des eigenen, tritt das Bei-Spiel auf als die Aufgabe selbst – Tradition hier in ihrem zweiten Wortsinn als »Verrat«: Verrat des Anspruchs des Neuen, des jeweils sich unverwechselbar ausprägenden Lebens.
Diese tiefgreifende Ambivalenz der Geschichte – entweder Überlieferung oder Verrat des Wirklichen – erscheint in besonderer Stärke bei der Geschlechterfrage: Ist sie bereits einmal oder mehrfach gültig gelöst worden? Stehen wir heute vor einem gültigen Absprung in die Lösung? Gibt es, wenigstens gedanklich, wenn schon nicht im Leben, eine Erfassung des zur Lösung Notwendigen?
Eine wichtige Antwort enthält die Aussage Heideggers: »Herkunft bleibt Zukunft.« Zwar ein schmaler Satz, doch gehört er lange durchdacht. Zukunft kann nicht von einem Punkte Null aus entworfen werden, von dem aus man nach vorne durchstartet – die abgelegte Geschichte im Rücken. Geschichte liegt nicht im Rücken, sie liegt in uns. Aber wiederum nicht in Form von Wackersteinen oder nicht entzündeten Sprengsätzen. Die Aufgabe wäre, Geschichte zu begreifen als ein Potential, eine Sammlung des bisher Wirklichen = Wirksamen, einen Blutkreislauf von Sinn und Ge-

gensinn, den zu verlassen sterben heißt: »die Väter, die wie Trümmer Gebirgs uns im Grunde beruhn; (...) das trockene Flußbett einstiger Mütter; (...) die ganze lautlose Landschaft«.² Oder: Geschichte zu begreifen als »Humus« alles Folgenden, sonst taucht sie gespenstisch als Gelehrsamkeit oder als Irritation oder als Lüge wiederkehrend auf – im einen Falle tot, im anderen unreif, zu Rückfällen verführend, Wiederholungen erzwingend, im dritten Falle muß sie ideologisch umgebracht werden.

Der jetzt versuchte »Gang des Geistes durch die Geschichte«, um den Ausdruck Hegels zu gebrauchen, beabsichtigt gerade nicht, Gelehrsamkeit über das Vergangene auszubreiten, auch nicht, unmittelbare Widerhaken zu heutigem Verständnis der Geschichte auszulegen. Es geht vielmehr darum, im Gesamt der Geistesgeschichte einige Bestimmungen der Zuordnung von Frau und Mann deutlicher zu kennzeichnen, ihre Veränderungen und Entwicklungen darzustellen, nach Größe und Grenze der jeweiligen Zuordnung zu fragen, denn es genügt nicht, ein vom »männlichen Denken« inspiriertes Menschenbild zu benennen oder abzuweisen, wenn nicht gezeigt wird, woher es seinen Ursprung hat, wie gerechtfertigt er ist, warum seine Berechtigung durch einen anderen Anspruch überwunden ist, und, wenn man einen Wechsel fordert, wo dieser überhaupt notwendig ist – je genauer, desto weniger Wunschdenken. Johann Baptist Metz hat die Eucharistie eine »gefährliche Erinnerung« genannt; in einem genauen Sinn ist jede Erinnerung gefährlich: Gerade das Wissen von der Herkunft ermöglicht das Entwerfen der Zukunft, oder, weniger im Rational-Verfügbaren ausgedrückt: im richtigen Wahr-Nehmen unserer Herkunft schließt sich auch die Zukunft auf.

Die Herkunft des Menschen hat verschiedene und unterscheidbare Epochen oder Strukturen durchlaufen, wie sich aus den Quellen, nämlich Bildern, Kunstwerken und Sprache ablesen läßt. Mit ihrer Hilfe kann man sich auf die notwendige »Suche nach der verlorenen Zeit« begeben. In diesen Strukturen zeigt sich eine von der heutigen

---

² Rainer Maria Rilke, Duineser Elegien, 3. Elegie.

unterschiedene Gesamtlebenshaltung, darin ein besonderes Gegenüber von Mann und Frau, ebenso – von letzterem beeinflußt – eine sich ändernde Zuordnung von Mensch und Gott.
Vorgestellt werden im folgenden also immer drei Hinsichten einer Struktur der geistigen Entwicklungsgeschichte: ihre allgemeinen Merkmale, das Verhältnis der Geschlechter, das Verhältnis zu Gott. Man gewinnt in diesem Überblick nicht ein bloßes Besserwissen, nicht eine simple Relativierung aller Mythen und Logien über Mensch und Gott; es geht nicht um ein Abheben auf deren Vorläufigkeit und Beschränktheit. Im übrigen wird eine Bewußtseinshaltung auch nicht einfach als falsch abgelöst von einer neuen (eine Gottheit von der nächsten, ein Menschenbild vom folgenden), vielmehr wird eine bestimmte Hinsicht auf einen umfassenderen oder klärenden Zusammenhang hin »aufgehoben« in dem bekannten dreifachen Sinn: verneint, bewahrt und höhergehoben.

1. Die archaische Struktur[3]

Der Ausdruck »archaisch« ist hier wörtlich zu nehmen, abgeleitet von »arché«, was heißt: Ursprung, raum- und zeitfreier Anfang, die Beherrschung, die sich in aller kommenden Veränderung als Prinzip durchhält. Die schöne lateinische Unterscheidung von »principium« = dauernder Anfang und »initium« = zeitlicher Start kennt noch den »bleibenden Ursprung«, ebenso wie der Beginn des Johannesprologs »en arché« richtig zu übersetzen ist mit »Im Anfang« und nicht »Am Anfang« (dasselbe gilt für das erste Wort der Bibel »Bereshit«: »Im Anfang schuf Gott Himmel und Erde...«).
Dieser dauernde Ursprung läßt sich freilich nicht auf einen abgrenzbaren Zeitraum festlegen, archäologisch mit dem Spaten ausgraben. Dennoch sprechen davon eine Unzahl mythischer Zeugnisse, als dem Paradies, der wahren Wirklichkeit des Menschen, die sich freilich *nicht* unter den Bedingungen der raumzeitlichen Geschichte

---

[3] Die Unterscheidung der folgenden Strukturen stützt sich auf Jean Gebser, Ursprung und Gegenwart, München 1973, 3 Bde.

verwirklichen konnte. Traumhaft erfahren und gewünscht, U-Topos und U-Chronos, meint dieser herrschende Ursprung eine wunderbare Ganzheit des Menschen, sei es mit dem All, sei es mit sich selber, sei es mit dem Göttlichen. Mit dem All: der »eigentliche« Mensch sieht das All nicht sich gegenüber, vielmehr sich in ihm, es in sich eingeborgen, noch nicht einmal als Außen, das sich im Innen spiegelt – diese Trennungen sind noch nicht vollzogen. Hildegard von Bingen hat im »Genter Kodex« (1170–73) im Buch »De operatione Dei« diesen »Kosmosmenschen« zeichnen lassen: Luft und Wasser, Planeten und Winde, Feuerkreise schließen ihn nicht nur ein, umgekehrt durchdringt er alles, hält das Weltnetz mit den Elementen in Händen, selbst eingekreist vom »Urlebendigen«[4]. Auch das mythische »Weltei«[5] mit seiner alles einbergenden Ganzheit dient als Bild eines uterinen Zustandes; selbst Erde und Himmel werden noch als ursprünglich eins gesehen: »blau« und »grün« werden im Altchinesischen und Provenzalischen mit demselben Wort ausgedrückt. Ein merkwürdiges Zeugnis liegt von Dschuang Dsi vor: »Die wahrhaften Menschen der früheren Zeit schliefen traumlos«.[6] Wieder gibt es kein Gegenüber, noch nicht einmal als Traum-Reflex – *im* Anfang steht eine reine Identität. Erst *später* treten Innen und Außen, Seele und Himmel auseinander, wie es Platon kennzeichnet: »Die Seele (...) ist zugleich mit dem Himmel (entstanden)«.[7] Nietzsche, der den Weg zurückzugehen sucht, formuliert: »Oh Himmel über mir, wann trinkst du meine Seele in dich zurück!«[8]

Auch für Frau und Mann gilt »eigentlich« eine unlösbare Bezogenheit, ja ein Noch-Nicht-Unterschiedensein, wie es in dem starken Bild des platonischen Symposions vom »Kugelmenschen« aus Mann und Frau erscheint. Besonders hier ist deutlich, daß es nicht

---

[4] Hildegard von Bingen, Welt und Mensch. Das Buch »De operatione Dei« aus dem Genter Kodex, übers. u. eingel. v. Heinrich Schipperges, Salzburg 1965, 48.
[5] Im »Rupertsberger Codex« ließ Hildegard von Bingen den Kosmos eiförmig darstellen.
[6] Dschuang Dsi, Das wahre Buch vom südlichen Blütenland, übers. v. Richard Wilhelm, Jena 1940, 12.
[7] Zitiert von Aristoteles, Metaphysik 12, 6.
[8] Friedrich Nietzsche, Also sprach Zarathustra, Stuttgart (Kröner 75) 1952, 308.

im geringsten um eine anatomische Aussage, ein historisches »Früher« geht, das sich vielleicht mit einem ausgegrabenen Skelett erweisen ließe; es geht vielmehr um das innerste Empfinden des Menschen von sich selbst, daß das Geschlecht etwas Zweitrangiges gegenüber einer ursprünglichen Ganzheit seiner selbst sei. Hierhin gehören auch die Bilder vom Hermaphrodit, vom Androgyn, von der Venus barbata; in dem biblisch vertrauten Bild wäre es Adam vor der Abtrennung Evas.
Ebenso von Bedeutung ist, daß das Verhältnis von Gott und Mensch ungestört, noch nicht vom Fall aus der Einheit zerrissen ist: Gott und Mensch ergehen sich im biblischen Anfangsmythos im selben Garten Eden, mehr noch: Der Mensch (hier schon Adam und Eva) ist Ebenbild, zutiefst verwandt, zutiefst Sohn und Tochter. Alle Paradieseserzählungen beziehen sich auf diese fraglose Einheit: entweder auf die Abstammung der Menschen von den Göttern oder auf ihren gemeinsamen Ursprung (!).[9] Die Auflistung göttlicher Vorfahren gehört schlechthin zur Kennzeichnung von Herrschern und Helden; auch der Besuch der Götter auf der Erde, im besonderen bei den menschlichen Frauen, drückt noch in seinen spätesten Entstellungen dieselbe Gewißheit einer Ursprungseinheit aus.

2. Magie und Macht, das Mütterliche und das Numinose
Die magische Struktur

Eine erste, geschichtlich greifbare – und in »primitiven« Gesellschaften heute noch in Resten wirksame – Stufe stellt das magische Lebensgefühl dar. Hier erfährt sich der Mensch bereits als gelöst, sogar herausgefallen aus dem Einklang mit dem All, freilich als rituell und in Beschwörung wieder mit ihm vereinbar, seinen heimlich-unheimlichen Mächten zugehörig: ausgeliefert und eingeborgen. Jedenfalls steht die Welt bereits schemenhaft, später immer genauer gegenüber, als geheimnisvolle Gegenmacht. Freilich ist

---

[9] Vgl. Frederic Hetman, Die Göttin der Morgenröte. Schöpfungsmythen aus aller Welt, Frankfurt 1986.

hier noch nicht von einem Erkennen im Ganzen die Rede, vielmehr erlebt man diese Macht an bestimmten Punkten verdichtet, an heiligen Orten, zu heiligen Zeiten, in Gegenständen, die für ein Ganzes stehen können (pars pro toto, so in Amulett, Totem, anderen Symbolen). Das Ich ist noch unzentriert, kaum ausgebildet; es erfährt sich spiegelmäßig im Außen, überträgt sich auf ein Gegenüber und hängt davon ab, etwa vom Spiegelbild im Wasser, von einem bestimmten Tier, einer bestimmten Pflanze: Identität von außen also, aber auch Identität durch die Gruppe. Insofern herrscht ebenso eine Ichlosigkeit wie Eingebundenheit ins Gruppen-Wir. »Älter ist an der Herde die Lust als die Lust am Ich.«[10] Aufschlußreich ist die Tötungsmöglichkeit über das Spiegelbild: entweder durch das Beerdigen einer Puppe – eine Zeremonie, während der die abgebildete Person stirbt oder »sozial« stirbt[11] – oder durch das Zerschlagen des Spiegelbildes im Wasser. In diesen Zusammenhang einer *Identität von außen* gehören auch die offenen Übergänge in andere Lebewesen, der Auf- und Abstieg in Verwandlungen nach »unten« und nach »oben«, in Tier, den »Werwolf« etwa, in Pflanze, Stein oder in den Dämon.[12] Diese zufälligen oder erstrebten Metamorphosen hängen außerdem zutiefst mit dem Empfinden der Seelenwanderung und Wiedergeburt zusammen: Sie erklärt sich als Seelenvielzahl, die sich durchaus noch nicht in einer (meiner) Seele

---

[10] Friedrich Nietzsche, Also sprach Zarathustra, Stuttgart (Kröner 75), 63. Vgl. Der Wille zur Macht, Stuttgart (Kröner 78), 638: »Jene Herdentiermoral, die mit allen Kräften das allgemeine grüne Weideglück erstrebt«. Vgl. Die Unschuld des Werdens II (Kröner 83), 194: »Willst du das Leben leicht haben? So bleibe bei der Herde.«

[11] Hanspeter Hasenfratz, Die toten Lebenden. Eine religionsphänomenologische Studie zum sozialen Tod in archaischen Gesellschaften, Leiden 1982.

[12] Richard Merz, Die numinose Mischgestalt. Methodenkritische Untersuchung zu tiermenschlichen Erscheinungen Altägyptens, der Eiszeit und der Aranda in Australien, Berlin/New York 1978 (Diss. Zürich). – James Stephens, Die Sage von Tuan Mac Cairill, in: Stephens, Fionn der Held und andere irische Sagen und Märchen, übers. v. I. F. Görres, Freiburg 1936, 1–18, gibt eine besonders schöne keltische Stammbaum-Erzählung: Tuan berichtet von seinen verschiedenen Genealogien und wechselnden Wiedergeburten vom Mann zum Hirsch, Keiler, Habicht, Lachs und wieder Mensch. Bedeutsamerweise werden diese Abfolgen durch die Taufe beendet und vollendet.

erfährt, sondern das Leben außerhalb meiner selbst und meiner Bestimmtheit – die noch nicht gewonnen ist – ablaufen sieht. Wiederum in Zusammenhang damit stehen die unbewußten, dort aber »normalen« Formen der Kommunikation, wie Telepathie, Telekinese: die »Abstrahlung« eigener Vitalität – auch Letalität! – nach außen. Je später diese Stufe wird, desto nachhaltiger zeigen sich Befreiungsversuche aus der Einbindung, ja Bannung durch Natur und Gruppe: Es geht um Macht und den Kampf um die Macht. Magie hängt etymologisch in der Wurzel magh- mit machen, Mechanik, Maschine, Macht zusammen. Das erwachende Ich stellt sich zunächst gegen die Natur, je länger je mehr auch gegen die Gruppe: Es beginnt zu handeln, selbst zu bannen in Zauber, Fluch, Tabu, Beschwörung, Segen, Ritus. Auch die allgegenwärtige Numinosität wird gebannt oder verfügbar gemacht, eben durch das Einweisen in bestimmte Orte, Zeiten, Gegenstände, der Macht bestimmter Personen unterworfen. Trieb und Instinkt – noch nicht Bewußtsein! – verdichten sich zu einem naturhaft vitalen oder letalen Wollen, zu einer Übertragung von libido.

In Abbildungen früher Zeit fehlt vielfach der Mund, stattdessen erscheint in Andeutungen eine Aura oder Ausstrahlung um den Kopf oder den ganzen Leib[13] – Zeichen jenes eigenartigen vitalen Kontaktes mit der Außenwelt. Übrigens ist auf die Betonung des Ohres als des frühen Organs hinzuweisen:[14] Die deutsche Wortfolge hören, gehören, gehorchen, hörig sein, gibt, gerade in letzterem Wort, jene unbedingte Bindung an das gehörte Außen an, das beispielsweise auch für Ekstase durch Rhythmus und Heilung durch Besprechen Voraussetzung ist.

In breiter Fülle ist belegt, daß diese magische Welt nicht nur auf Erde, sondern ebenfalls auf Mond und Nacht bezogen ist. Nicht allein weil sich das Leben vorwiegend in der lichtlosen Höhle, der fensterlosen Hütte, im Dämmer des Urwaldes vollzieht, sondern

---

[13] Dies ist z. B. bei den irisch-keltischen Miniaturen häufig der Fall; im Psalter des Priorats zu Dover (um 980) taucht, bei z. T. mundlosen Gestalten, eine gepunktete Auralinie auf; vgl. Paul Wilhelm Wenger, Irische Miniaturen, Hamburg 1957. Gebser, Ursprung und Gegenwart, gibt Beispiele aus Australien und von chinesischen Masken (I, Tafeln 4 und 6).

[14] Gebser, I, 106.

weil die Nacht auch Schutz bietet, weil an den Mondphasen und der Sternwanderung die erste Zeitbestimmung möglich wird (Mond und Monat hängen etymologisch zusammen), weil vom Mond die Fruchtbarkeit der Erde abhängt – ein unerhört reiches Netz von Bezügen spannt sich von der Erde zu Nacht, Mond und Sternen.[15] Das Lebensgefühl dieser zeitlosen Zeit sitzt noch unbedingt im Bauchraum: in den Eingeweiden und Genitalien und dem Mutterschoß. Wenn die Psalmen die »Eingeweide der Barmherzigkeit Gottes«, »viscera misericordiae Domini« anrufen, so bedeutet das hebräische »rahamim«/Barmherzigkeit zunächst den Plural von »rahem«/Mutterschoß (es sei nicht übersehen, daß die deutsche Silbe »Barm-« ihrerseits mit »gebären« zu tun hat). Psalm 39 geht vom selben kraftvollen Leibempfinden aus: »...und Dein Gesetz ist in meinen Eingeweiden«.[16]
In diesem Zusammenhang ist erhellend, daß die Ägypter, wie von Herodot im 5. Jahrhundert vor Christus berichtet, die Eingeweide der Toten mühsam und sorgfältig konservierten, während sie das Gehirn durch die Nase entfernten und einfach wegwarfen – ein Hinweis darauf, wo in der magischen Bindung das »Leben« am dichtesten empfunden wird. Vom kannibalischen Verzehren der Genitalien und der Harakiri-Tötung über den Unterleib bis zur Eingeweideschau der römischen Priester reicht dieselbe magische Identifikation der eigentlichen »Lebensquelle«. Dieser fremd anmutende Befund sei deswegen erwähnt, weil sich die unterschiedlichen Strukturen auch in ihrem Leibempfinden sondern lassen, ohne deswegen zu grobe Allgemeinheiten einzutragen.

Zweifellos ist dieses noch raum- und zeitlose Erleben durchdrungen von einer Verehrung des *Mütterlichen*. In unzähligen weiblichen, deutlich geschlechtsbetonten Idolen wird die mater foecunda, das Fruchtbare überhaupt dargestellt.[17] Weil offensichtlich die Frau

---

[15] In den folgenden Kapiteln VI und VIII werden die Verknüpfungen deutlicher beleuchtet.
[16] Ps 39,9: »Facere voluntatem tuam, Deus meus, me delectat, et lex tua est in praecordiis meis«. – Jede Bibel-Konkordanz gibt weitere Beispiele.
[17] Reiches Bildmaterial bei Erich Neumann, Die Große Mutter. Der Archetyp des großen Weiblichen, Zürich 1956.

das biologische Leben weitergibt, wird sie zur Trägerin naturhaft sakraler Machtfülle. Geschlecht und Fruchtbarkeit *sind* numinos. So sehr dies auch für die Überwältigung beim männlichen Geschlechtsakt gilt – Überwältigung ist immer ein Zeichen der nahenden Gottheit –, so scheint doch lange die Zeugung nicht als entscheidend für die Weitergabe des Lebens begriffen; ohnehin ist das Ursache-Folge-Denken noch nicht ausgeprägt. Vielmehr wird das Mütterliche als selbstempfangend, von Mond, Wind, Meer, Früchten, vom gegessenen Fisch befruchtet, aufgefaßt, oder auch von der fruchtbaren Göttin selbst gesegnet[18] – jedenfalls bleibt der Vater durchaus belanglos, da noch gar nicht personal verstanden. Freilich *muß* die Frau gebären; außerhalb des Mutterdaseins kommt ihr keine Berechtigung zu; noch im Alten Testament gilt die Unfruchtbare als verflucht, ihr Mann als von Gott bestraft (so im Fall von Hanna und Elisabeth). Daher die vielen Praktiken, der Unfruchtbaren über die Magd wenigstens stellvertretend Leben zu erwecken (so bei Sarah und Hagar). Hierher gehört auch die in heutigen Ohren skandalöse Geschichte von Lots Töchtern, die sich in der Nacht nach dem Untergang Sodom und Gomorrhas zu ihrem Vater legen (hier ist der Zusammenhang von Zeugung und Geburt bereits begriffen) – weil verantwortlich für die Fortdauer des Lebens und des Stammes.

So gestaltet die Frau als Mutter, Groß-Mutter (die die Geburten überlebt hat), als Zauberin, Richterin (die die Tabuverletzungen bestraft), als Heilerin und Töterin, als Weissagende, als Priesterin in der rituellen Erweckung der Fruchtbarkeit, das Leben des Kollektivs, der Sippe. In diesen Zusammenhang gehört das berühmte Wort des Tacitus, die Germanen hätten die Frau als »etwas Heiliges und Seherisches verehrt«[19].

Die Frage erhebt sich seit langem, genauer: seit Johann Jakob Bachofens Werk »Mutterrecht und Urreligion« von 1861, wie diese

---

[18] Von den unzähligen Mythen dieser Art sei stellvertretend erwähnt die bereits zitierte Sage von Tuan Mac Cairill, dessen Mutter ihn als gebratenen Lachs verzehrt und dadurch empfängt.

[19] De origine et situ Germanorum 8: »inesse quin etiam sanctum aliquid et providum.«

Weisen des vom Mütterlichen getragenen Zusammenlebens zu bezeichnen seien. Ein vorsichtiger Terminus dafür lautet »Mutterkultur«. Die Schwierigkeit ihrer richtigen Einschätzung liegt jedoch darin, daß Mutterkulturen nicht mit umgekehrten Vorzeichen das sind, was Vaterkulturen heute vorstellen; ihre Herrschaft besteht mehr im Unterschwelligen, Indirekten, auch Unbewußten (wie es der magischen Struktur eignet und was übrigens deutlich ihre Macht ausmacht). Auch die Ausdrücke »Mutterrecht« (Bachofen) oder »Matriarchat« (Lewis H. Morgan) legen eine bewußte Autonomie mit ausgeprägter Rechtsstruktur nahe, während das Magisch-Mütterliche eher im Sinne von Tabuisierungen und Einflußzonen arbeitet. Ausdrücklich rechtliche Regelungen mit breiter historischer Beweisbarkeit gibt es jedoch in zwei bezeichnenden Fällen: als weibliche Erbfolge *(Matrilinearität)* und als lebenslängliche Zugehörigkeit auch des auswärts verheirateten Mannes zur Muttersippe *(Matrilokalität,* besonders im Kriegsfall wichtig, deswegen aber eine unstabile und sich rückbildende Rechtsform).[20] Historisch nicht festzumachen scheint ein Amazonenstaat[21] – im

---

[20] Zu den unterschiedlichen Weisen der Matrilinearität (Vererbung auf die Tochter, den Mutterbruder etc. oder Problem der Schwestersohnkulturen), ferner zu den vielfältigen und verwirrenden Erklärungsversuchen der Matrilokalität (hängt sie mit der wirtschaftlichen Dominanz von Frauen zusammen oder mit der Führung auswärtiger Kriege?) vgl. den gründlichen Forschungsbericht von Hans G. Kippenberg, Einleitung, in: J. J. Bachofen, Mutterrecht und Urreligion, Stuttgart ⁶1984, xxv–xl.

[21] Mit der Frage nach der historischen Aussagekraft von Amazonen- und Matriarchatsmythen hat sich befaßt Joan Bamberger, The Myth of Matriarchy: Why Men Rule in Primitive Society, in: M. Z. Rosalco/L. Lamphere (Hgg.), Women, Culture, and Society, Stanford 1974, 263–280. Der »paradoxe« Befund ihrer Untersuchung lautet: »In diesen Mythen (Südamerikas) wird u. a. erzählt, daß die heiligen Gegenstände, die jetzt den Männern gehörten, einst im Besitz der Frauen waren; daß den Besitzern dieser Objekte besondere Achtung gebühre; und daß schließlich die Tyrannei der Frauen von den Männern gebrochen worden sei. Es ist deutlich, daß diese Erzählungen nicht das Mindeste über ältere soziale Verhältnisse besagen. Es ist dies deshalb deutlich, weil sie den Sinn haben, den herangewachsenen jungen Männern zu erklären, warum der Zutritt zum Kreis der verschworenen Männergesellschaft sie ein für allemal vom bisherigen Kreis der Frauen trennt. Der Matriarchatsmythos rationalisiert den Bruch des jungen Mannes mit dem weiblich dominierten Haus. Der öffentlich anerkannte Mythos zerlegt das, was zeitlich koexistiert, in eine Abfolge und legitimiert die Beseitigung der Frauen aus dem politischen Bereich« (Kippenberg, xxxii).

Gegensatz zu den allgegenwärtigen Spuren weiblicher Macht über die Geheimnisse des Lebens und des Sterbens.

Ein im Allgemeinbewußtsein fast immer falsch eingeschätztes Problem ist noch deutlich anzusprechen: Auch in matrilinearen oder -lokalen Gruppen liegt die Dominanz in der Regel bei Männern – jene Dominanz, die über den häuslichen Bereich mit seiner Zuständigkeit für Geburt, Wachsen, Sterben und deren rituelle Sicherung hinausgeht. Gerade die augenfällige Tatsache der Mutterschaft – im Unterschied zu der weit »abstrakteren« Schlußfolgerung der Vaterschaft – macht die Frau für den häuslichen und mütterlichen Bereich zuständig, dort auch im beschriebenen Sinne mächtig (auch wirtschaftliche Domänen lassen sich zeigen). Dennoch: Unzweifelhaft nimmt der Mann kraft seiner stärkeren Physis die ausgreifenden Aktivitäten wahr (Jagd, Pflugkultur im Unterschied zum Gartenbau, Viehzucht, Verteidigung, Kampf).[22] Dazu gehören ferner die »politische« Sphäre, aber auch unterschiedliche Formen der Herrschaft über die Frau, z. B. der – genetisch wichtige – Tausch der Frauen durch die Männer und nicht umgekehrt[23] oder auch das »Verleihen« der Frau an den Gast. Die Verehrung, ja Vergöttlichung des Mütterlich-Fruchtbaren geht also durchaus einher mit einer gleichzeitigen Herrschaft des Mannes nach außen; oder, um es deutlicher auszudrücken: Mutterkulturen bedeuten nicht, sogar in der Regel nicht eine soziopolitische Höherstellung der Frau über den Mann – tatsächlich kann die Frau ausgeprägt »rechtlos« sein.[24]

Ein Beispiel mag die differenzierte Zuordnung der Geschlechter anschaulich machen. Bei einem Jagdzauber der Pygmäen im Kongourwald, der um die Jahrhundertwende von Leo Frobenius beob-

---

[22] Kippenberg, xxxf. – Ausführliches bei U. Wesel, Der Mythos vom Matriarchat. Über Bachofens Mutterrecht und die Stellung von Frauen in frühen Gesellschaften, Frankfurt 1980.

[23] Claude Lévi-Strauss, Strukturale Anthropologie, Frankfurt 1969, 62.

[24] Bei der Sekte der Yallama in Indien bringen bis zum heutigen Tag die Eltern ein zwölfjähriges Mädchen in den Tempel der Göttin, wo es als Vertreterin der Göttin zum kultischen Sexualverkehr benutzt wird, bis es mit etwa 40 Jahren ausscheidet und, arm und verachtet, von einer täglichen Reisschale aus Tempelbesitz abhängt. Die Vertretung der Göttin sagt nichts über den tatsächlichen sozialen Rang der Frau.

achtet wurde, trafen sich vor Sonnenaufgang drei Jäger und eine Frau, um das zu erlegende Wild durch eine Zeichnung in den Sand zu beschwören und durch den ersten Sonnenstrahl »töten« zu lassen – all dies in unverbrüchlichem Schweigen. Erst danach begann die Jagd, an der natürlich nur die drei Männer teilnahmen.[25] Für den Bereich der Bannung, das Knüpfen des »Bezugsnetzes« ist also vorrangig die Frau zuständig (ähnlich auch für die Ent-Schuldigung durch Opfer nach der Jagd); für den physischen Vorgang aber der Mann.

Im Ganzen also ein verwickelter Befund; und so sehr hier in der Kürze nur Grundsätzliches gesagt werden konnte, so sehr muß man sich bei eingehender Beschäftigung mit einer magischen Kultur auf kräftige Differenzierungen einlassen, auch wenn sie heutigen Erwartungen »anderer« (»besserer«) Geschlechterordnungen entgegenlaufen mögen.

Was die Beziehung zur Gottheit angeht: Für diese Stufe gilt eine Vielzahl von weiblichen und männlichen »numina«[26], von Mächten und Gewalten, unheimlich-heimlicher Gegenwart. Die weiblichen Gottheiten sind der Fruchtbarkeit des Alls zugeordnet, sei es in Mensch, Vieh, Pflanze, jahreszeitlichem Wachsen – auf der anderen Seite dem Verfall, Welken, Sterben (und damit auch dem Krieg).[27] Die männlichen Gottheiten haben mit dem zeugenden Regen, mit Himmel und vielfach mit Sonne zu tun, auch mit Allwissenheit[28], ohne daß dies abgeschlossene und vor allem erschöpfende Bestimmungen wären. Für diesen Zusammenhang sind die weiblichen Numina aufschlußreich: die zahllosen sogenannten Venusstatuetten des Mittelmeerraumes zeigen eine auffällige Betonung der

---

[25] Leo Frobenius, Unbekanntes Afrika (1905), in: Kulturgeschichte Afrikas, Wien 1933, 127f.
[26] Rudolf Otto, Das Heilige, Breslau 1918, hat das Wort numen für die Ersterfahrung des Heiligen wiedereingeführt.
[27] E. O. James, The Ancient Gods, London ²1967.
[28] R. Pettazzoni, Der allwissende Gott, Frankfurt 1960. Hubertus Tellenbach (Hg.), Das Vaterbild in Mythos und Geschichte. Ägypten, Griechenland, AT und NT, Stuttgart 1976; ders., Vaterbilder in Kulturen Asiens, Afrikas und Ozeaniens. Religionswissenschaft – Ethnologie, Stuttgart 1979.

Geschlechtszonen und der Fruchtbarkeit. Der Urtypus der weiblichen Gottheit ist offensichtlich die Muttergöttin, die in jeder Schwangerschaft, in jedem Wachsen neue Gestalt gewinnt, etwa im sich rundenden Mond, der eine ihrer Verkörperungen ist. Zunächst aber ist es die Erde, welche die große Mutter am sinnfälligsten vorstellt, ja einfachhin ist. Der »Schoß der Mutter Erde« ist eine durch die Geistesgeschichte breit ausgefaltete, nie verlorene Metapher. Das delphische Orakel ließ – gemäß der Auskunft des Livius – die Herrschaft über Rom dem jungen Mann zukommen, der als erster nach der Heimkehr seine Mutter küsse. »Brutus aber glaubte, daß die pythische Stimme etwas anderes meint, fiel, als ob er gestolpert wäre, auf den Boden und berührte die Erde mit dem Mund, weil er sie offenbar für die gemeinsame Mutter aller Sterblichen hielt.«[29] Noch ein Renaissancetext, der die neuzeitliche Rationalität bereits bedeutend ankündigt, nutzt durchgängig die Metaphern (oder sind es noch die magischen Betroffenheiten?) vom Leib der »mater terra«, von ihrem Schoß, ihren Brüsten und Eingeweiden, ihrer nährenden Milch.[30] Dieser chthonischen Anfangskraft ist auch die schwarze Nacht zugeordnet, eben mit dem weiblichen Mondgestirn; es kann ihr auch die Sonne zugewiesen sein, in mehrfacher Hinsicht: sei es, daß sie selbst weiblich empfunden wird (wie es in der »Frau Sonne« ohnehin zum Ausdruck kommt[31] und auch mit der Sonnengöttin Amaterasu, der Ahnfrau des japanischen Kaiserhauses, für die japanische Mythologie gilt), sei es daß der Sonnensohn noch vom mütterlichen Dunkel geboren wird (wie von der ägyptischen Nut, der Himmelsfrau, deren Leib mit den Gestirnen der Nacht bedeckt ist)[32].

---

[29] Livius, Ab urbe condita I 56, 10–12. Vgl. Sueton, Das Leben der Caesaren, den Vergewaltigungstraum.
[30] Carolus Bovillus, Liber de sapiente (1510), hg. v. R. Klibansky, in E. Cassirer, Individuum und Kosmos in der Philosophie der Renaissance (1912), Darmstadt ³1969, 307 f.: »mineralia (...) in terra – ut in communi omnium matris utero –«; »a terra, tanquam a matris uberibus, haudquaquam avelluntur«; »a terre amota uberibus«; »toto (...) corpore ipsis terre visceribus insepulta«; »a matre terra lacteo succo pascuntur«.
[31] Vgl. Kapitel VIII über die »drei Mütter«.
[32] Johann J. Bachofen, Vorrede und Einleitung zu ›Mutterrecht und Urreligion‹, 135: »Aber auf dieser morgendlichen Stufe wird der leuchtende Sohn noch ganz

Für diese Muttergottheiten gilt, es sei mit anderen Worten bereits Gesagtes wiederholt, noch eine Ungetrenntheit von Leben und Tod, auch von Gut und Böse, Geben und Nehmen, Erhören und Strafen. In Sizilien wurde die Kultstätte einer Muttergöttin entdeckt, der vornehmlich Kinder geopfert wurden, deren Blut sie trank. In Neuguinea lebt ein Stamm, der bis in die Mitte dieses Jahrhunderts jedes Erstgeborene gleich nach der Geburt tötete und stattdessen ein Schwein aufzog, das dann seinerseits kultisch geschlachtet und verzehrt wurde. In beiden Fällen sind es nicht Opferpriester, die den schrecklichen Ritus vollziehen, sondern die eigenen Mütter – im Namen der großen Göttin, die keine Geburten gibt, wenn sie nicht auch am Lebendigen sich sättigt. (Wenn diese Geschichten zu abseitig anmuten: Unsere Überlieferung kennt im Nibelungenlied die schöne Königin Krimhild, welche ihre beiden Söhne eigenhändig ermordet und das Blut in den Hirnschalen dem Vater Attila zum Trank reicht – eine Schwester Medeas aus Kolchis. Und in der Grimmschen Sammlung steht auch das eine unsägliche Märchen vom »Machandelboom«, unter dem die Knöchlein eines Mädchens klagen: »Meine Mutter, die mich erschlug...«).
Diese Märchen, Mythen, Kulte folgen der Spur der Großen Bösen Frau, wie sie sich bis heute in der Schwarzen Kali Indiens verkörpert, die, auf dem Leichnam ihres Gatten stehend, seine Eingeweide frißt: Hier wird die Macht des Tödlichen angebetet, jene Herrin-Mutter, deren Souveränität darin besteht, daß sie tötet, ohne sich zu rechtfertigen. Wird der Wagen mit der thronenden Göttin durch die Straßen gezogen, so werfen sich bis zum heutigen Tage Gläubige vor die schweren Räder, um zermalmt zu werden. Welcher Abgrund meldet hier seinen Anspruch? Das Märchen verlagert die Ahnung davon auf die Stiefmutter, die Schneewittchen Böses will, die Hänsel und Gretel zum Verlorengehen in den Wald schickt. In Wirklichkeit lebt die Stiefmutter in der Mutter selber. Erich Neumann, der Schüler Jungs, will in der weiblichen Psyche ein Viertel diesem Dunkel zuordnen, ein Viertel sei unentschieden, die Hälfte

von der Mutter beherrscht, der Tag als ›nächtlicher Tag‹ bezeichnet, und als vaterlose Geburt der Mutter Matuta, dieser großen Eileithyia, mit auszeichnenden Eigenschaften des Mutterrechts in Verbindung gesetzt.«

hell und gütig.³³ Ob diese Vierteilung stimmt, sei dahingestellt; unleugbar scheint ein autonomer Bereich im Mütterlichen, der über Leben und Tod des Kindes wägen kann.
Freilich ist hier noch eine Klärung – auch von Neumanns These – zu vollziehen. Das Gesagte ist gültig im Bereich der überwiegend animalischen oder biologischen Mutterschaft. Sie nimmt das Kind als Besitz und vermag es deswegen zu vernichten, fast neutral. Mutterschaft umfaßt aber mehr als Biologie und einige Urinstinkte des Habens, mehr als das Muttertier. Aber in der antlitzlosen Göttin meldet noch das unpersönliche und deswegen schauerliche Dunkel der Selbstherrlichkeit seinen Anspruch an. Diese Ambivalenz – noch einmal sei es gesagt – des Muttertieres zeigt sich in vielen Preisungen, die zugleich Bannung sind – ebenso wie das Opfer vor der Muttergöttin Bannung ist –: »Du in Gestalt der Leere, im Gewand des Dunkels, Wer bist du, Mutter, die allein du thronst im Schreine von Samadhi? Vom Lotos deiner furchtzerstreuenden Füße zückt der Liebe Blitz. Dein Geistgesicht strahlt auf, es schallt dein Lachen fürchterlich und gellend.«³⁴
Das Bewußtsein dieser Ambivalenz ist durchaus not-wendig, um nicht einer geschichtswidrigen Romantik der Muttergöttin aus den Bedürfnissen einer späten Zeit anheimzufallen.³⁵ Daß sie noch andere Züge aufweist, wird anschließend deutlich. Deutlich ist aber auch, daß der Bannkreis des mütterlichen Kollektivs in der geistesgeschichtlichen Entwicklung – gerade wegen seiner Macht – eingegrenzt, wenn auch nie ganz ungültig wird. Je länger je mehr wird er sogar durchbrochen und gebrochen – dies von Schuldgefühlen begleitet, was immer einen Rest alter Gültigkeit verrät. Religionsgeschichtlich entspricht dem die langsame Verdrängung der Muttergottheiten durch die Vatergottheiten, die als Garanten gesetzgebender, staatsbildender, ethischer Ordnung angesehen wurden.³⁶

---

[33] In dem schon erwähnten Buch: Die große Mutter. Der Archetyp des großen Weiblichen, Zürich 1956.
[34] Shri Ramakrishnas ewige Botschaft, übers. v. Fr. Dispeker, Zürich 1955, 692.
[35] Vortrefflich hat darüber gearbeitet Susanne Heine, Wiederbelebung der Göttinnen? Zur systematischen Kritik einer feministischen Theologie, Göttingen/Zürich 1987.
[36] Vgl. im einzelnen R. Pettazzoni, Der allwissende Gott, Frankfurt 1960.

Zeus wird zwar in kretischen Höhlen geboren und von einer nährenden Ziege (!) aufgezogen, dann aber auf dem Berge Olymp angebetet. Weit schrecklicher wird dieser Vorgang in der griechischen Mythologie mit dem schuldhaften, aber „notwendigen" Muttermord des Orest thematisiert. Initiationsriten – um es so pauschal zu formulieren – bedeuten den forcierten Wechsel in der Pubertät, weg von der mütterlichen Obhut in die Welt des Erwachsenen, bezeichnenderweise von Prüfungen und Schulderfahrungen begleitet, die freilich die Gruppe mitträgt, kontrollierend auslöst und beendet. (Was nicht heißt, daß nicht der Erwachsene unter neue kollektive Bindungen gerät.)

Auch Judentum und Christentum fordern ein Verlassen des »Wir« zum konzentrierten »Ich«, durch die Ernennung zum »mündigen« Gemeindemitglied in der »Bar Mizwah« und im Sakrament der Firmung, etwa im Krisenalter von 14 Jahren. Ida Friederike Görres hat den ungeheuren Kraftakt des Aussteigens aus dem Clandenken und der Blutsbindung der Sippe für die germanische Königin Radegundis gezeigt, die die geforderte Blutrache verweigert und in ein Kloster flieht.[37]

Mit diesen Daseinsentwürfen ist bereits der Eintritt in eine andere Wertigkeit vollzogen. Damit werden die Gültigkeiten umgeformt; das Geschlechterverhältnis differenziert sich neu.

---

[37] Ida Friederike Görres, Die siebenfache Flucht der Radegundis, Freiburg ³1942. – Weiterführende Literatur zur Auswahl: Henri Hubert/Marcel Mauss, Esquisse d'une théorie générale de la magie, in: Année sociologique 7 (1904) (Engl.: General Theory of Magic, London 1972). Emile Durkheim, Les formes élementaires de la vie religieuse, Paris 1912. Bronislaw Malinowski, Coral Gardens and their Magic, 2 voll., London 1935. E. E. Evans-Pritchard, Witchcraft, Oracles, and Magic among the Azande, 1937, Oxford ²1950; ders., Theories of Primitive Religion, Oxford 1965. Claude Lévi-Strauss, La pensée sauvage, Paris 1962 (dt.: Das wilde Denken, Frankfurt 1973). Keith V. Thomas, Religion and the Decline of Magic, London 1971. G. E. R. Lloyd, Magic, Reason, and Experience: Studies in the Origins and Development of Greek Science, Cambridge 1979.

3. Die Frau als Rätsel, Drohung, Verheißung
Die mythische Struktur

Im Mythischen vollzieht sich ein Bewußtwerden der Seele als des Innen gegenüber dem Außen der erfahrbaren Welt. Fast jeder Mythos enthält eine Erhellung, worin die Empfindung des »Gegenübers« und das Auseinandertreten von Innen und Außen benannt werden. Dies drückt sich vorwiegend in der Bildlichkeit von zwei Hälften aus, die, unterschieden, zueinander gehören: nicht nur Seele und Himmel (wie in dem schon zitierten Wort Platons)[38], sondern auch in den polaren Entsprechungen Himmel – Erde, Sonne – Unterwelt, Olymp – Hades; in der Architektur: Höhle / Gewölbe / nächtliches Dunkel – Säule / lichter Zwischenraum, wie beides im griechischen Tempel erscheint. Der Gott Janus bindet in den beiden Gesichtern des Greises und des Kindes sichtbar Vergangenheit und Zukunft zu einer Einheit zusammen; mythisch ist auch das Bewußtwerden der unterschiedlichen Zeitabläufe, die dennoch aus der Einheit einer einzigen gegenwärtigen Zeit stammen. Symbol dieser Struktur ist der Kreis, der alle Erscheinungen ausgleichend und ergänzend ineinander bindet: Ende und Anfang gehen ineinander über, das »Rad des Lebens« kehrt rhythmisch an den Ausgang zurück. Schon das Wort Mythos selbst läßt sich polar bestimmen: die Silbe my – kann sowohl aus myein = schweigen, wie aus mythesthai = reden abgeleitet werden. Denn Schweigen und Reden ergänzen sich, ebenso wie nicht nur das Gesagte entscheidend ist, sondern auch das im Gesagten Verschwiegene. Ein berühmtes Beispiel findet sich in den Orakeln von Delphi: Im Orakel läuft ein untergründiger Sinn mit, der vom Hörer nicht unbedingt in seiner gegenläufigen Meinung verstanden wird. »Wenn du diesen Fluß überschreitest, wirst du ein großes Reich zerstören«: Xerxes handelt nach der Weisung in eindeutiger Auslegung, zerstört aber sein eigenes Reich – und der Fehler war, diese ergänzende Bedeutung nicht mitgehört zu haben. Ähnliches in dem erstaunlichen »Gegensinn der Urworte«, die nur aus dem Kontext

---

[38] Aristoteles, Metaphysik 12, Kapitel 6 (1072 a 1): »Wie Platon sich ausspricht, muß die Seele später sein als der Himmel und doch auch zugleich mit dem Himmel.«

ihrer Doppelbödigkeit zu entkleiden sind, ohne daß ihre Gegenläufigkeit letztlich zu entschärfen wäre.

Hierzu gehören die Wörter sacrum (heilig – verflucht), altum (hoch – tief), malum – melius (schlecht – besser); im Deutschen die Wörter all (alles – nichts, wie noch im Dialekt erhalten: etwas ist »all«), weg (Weg auf ein Ziel zu – weg von). Gegensinn gilt auch für Symbole: So kann die Schlange für Tod und Leben stehen (im Paradies vertritt sie den Teufel, in der erhöhten Schlange in der Wüste das Leben); das Wasser ist ebenso tragend wie verschlingend und daher wiederum Ausdruck für Leben oder Tod. Solche Urwörter sprechen in einem einzigen Ausdruck die Polarität oder Zwei-Wertigkeit der mythischen Weltsicht aus. Im übrigen ist die Mythendeutung weithin mit der geglückten Traumdeutung der heutigen Tiefenpsychologie verwandt.[39] Fahrten und Abenteuer der Seele spielen sich nicht nur im Innen des Traumes, sondern für eine weit ältere Zeit in den Fahrten und Abenteuern der Außenwelt, in den »Quests«, »Aventuren« der Helden ab. »Einsamer, an dir selber führt dein Weg vorbei und an deinen sieben Teufeln«, so Nietzsche[40] in der genauen Sicht der bestürzenden Entsprechung von innerem und äußerem Geschick. Grundsätzlich gilt: Was immer in der Natur, am Himmel, im Ablauf der Jahreszeiten äußerlich sichtbar geschieht, entspricht dem unsichtbaren Auf und Ab der eigenen Seele. »Der gestirnte Himmel über mir und das moralische Gesetz in mir« sind die späte, kantische Fassung einer längst mythisch bewahrten Weltauslegung, die immer eine Selbstauslegung mitmeint, nicht zuletzt in der Form der heute aus vielen Gründen so verdächtig gewordenen Astrologie. Mythisch spricht sie nichts anderes aus als das Gesetz der Korrespondenz, der Übertragung, der Ähnlichkeit von Oben und Unten. Ein besonders einleuchtendes Zeichen, das über den bindenden Kreis des Ganzen noch erhellend hinausgeht, ist das chinesische Yin-Yang, dessen Verflochten-

---

[39] Der Tiefenpsychologe Carl Gustav Jung und der Mythenforscher Karl Kerényi stellen eine Symbiose der beiden Bereiche in mehreren gemeinsamen Werken überzeugend vor.
[40] Vgl. Friedrich Nietzsche, Zarathustra a.a.O. 68.

heit von Hell und Dunkel noch unterstrichen wird durch den gegenfarbigen Pol der beiden Hälften[41].

Für die Geschlechter gilt vorwiegend ein polares Gleichgewicht von Mann und Frau; so in der klassischen Formulierung von Lao-tse im »Tao Te King«: »Das Männliche liebt das Weibliche. Yin umarmt Yang und zehntausend Dinge leben in Harmonie durch die Verbindung dieser Kräfte.«[42] Dennoch sind diese Kräfte ebenso gleichgewichtig wie deutlich unterschieden und getrennten Aufgaben zugeordnet. Ein chinesischer Mythos kennzeichnet die Aufgaben von Kaiser und Kaiserin folgendermaßen: Die Welt des Kaisers ist der Tag; er herrscht von 6 Uhr morgens bis 6 Uhr abends. In dieser Sonnenzeit nimmt er die Truppenschau ab, spricht Recht, erläßt Gesetze, unternimmt Verteidigung oder Angriff, läßt Kanäle bauen – mit einem Wort, er ist zuständig für Handlung im Sinne von Veränderung. Mit Sonnenuntergang beginnt das Reich der Kaiserin: Ihre wesentliche Aufgabe läßt sich überhaupt nicht bestimmen. In der ihr zugehörigen Nacht kann sie schlafen, dichten, musizieren, mit einem Wort: Sie hat nur dazusein im Sinne von lebendiger Richtigkeit. Ist sie nicht »richtig da«, dann allerdings kommt es zu elementaren Katastrophen: Es regnet nicht oder zuviel, die Pflanzen sterben, die Frauen bleiben unfruchtbar, die Feinde brechen über die Grenzen, die Jahreszeiten geraten durcheinander. Ihre Zuständigkeit ist der Kosmos, dessen Gesetze sie durch ihr Dasein in Ordnung hält; die Zuständigkeit des Kaisers ist das Leben im Detail, das der Entscheidungen bedarf, aber nicht an die kosmische Selbstverständlichkeit heranreicht. In dieser Gegenüberstellung ist die Welt immer noch primär durch die Frau im Lot; dennoch hat sich die Erfahrung entwickelt, daß aus beiden Hälften, dem jeweilig Handelnden und der reinen Stimmigkeit des Daseins, das ganze Leben besteht.

---

[41] Sukie Colegrave, Yin und Yang. Die Kräfte des Weiblichen und des Männlichen – Spannung und Ausgleich zwischen den beiden Polen des Seins, Bern/München 1980.
[42] Lao-tse, Jenseits des Nennbaren. Sinnsprüche nach dem Tao Te King nach Linde von Keyserlingk, Freiburg 1984, 98.

Ein anderes, scheinbar gegenteiliges Beispiel: Im Schachspiel kämpft die Dame, der König bleibt fast untätig, ja er wird von der Dame aktiv am Leben erhalten. Dieses Gegenbeispiel darf aber wiederum nicht unter dem Zeichen des Widerspruches gesehen werden; strukturell handelt es sich um dasselbe polare Empfinden zweier Hälften, die nur in Spannung zueinander und aus zwei Gegenrichtungen kommend sich zum Einen des Lebens ergänzen.

So entsprechen in den Abenteuern der Helden auch Heldinnen notwendig der Herausforderung des Schicksals. Nausikaa, Penelope, Brunhilde, Ariadne, Isolde: unterschiedlichste Gestalten, die ihren Helden gleichwertig gegenübertreten, ja in ein nicht zu verallgemeinerndes »Gegenüber« zum Mann geraten. Nicht selten ist es eine Kampfsituation von höchst merkwürdiger Verflechtung: Brunhilde, stärker als Siegfried, fordert ihn zum Dreikampf heraus, den er nur durch List gewinnt – andererseits wird sie von ihm zuvor aus der Brünne herausgeschnitten, von ihm als ihrem Erlöser. Noch in den späten Aventuren der Artusrunde herrscht diese eigenartige Verflechtung der Geschlechter: aufeinander angewiesen, kämpfen sie doch um die Macht. Sir Gawan hat auf Tod und Leben das Rätsel zu lösen, was den Frauen das Allerliebste auf der Welt sei. Wieder mit einer List erschleicht er sich die Lösung von Dame Ragnell: »Was wir vor allem anderen von Männern wünschen, das ist: sie zu beherrschen.«[43]

Überhaupt das Rätsel: In der Tat auf Tod und Leben fragt die Sphinx Ödipus, fragt Turandot ihre Freier. Wer die Antwort nicht findet, hat verloren: das Leben und die Frau, beides ihm bestimmt, beides aber nicht zur Verfügung, im Gegenteil, dem Mythos gemäß nur durch List zu lösen. Und dennoch: Wird es nicht gelöst, ist das eigene Dasein verscherzt. Die Frau als Rätsel und Verheißung des Mannes – eine unentwirrbare, ebenso bedrohliche wie beseligende Erfahrung, die erst in den späten Märchen notwendig gut ausgeht. Frühe Mythen, etwa das Nibelungenlied oder auch die Geschichte der Turandot, enden mit der Bluthochzeit: dem Sichfinden im

---

[43] Heinrich Zimmer, Fahrten und Abenteuer der Seele, Düsseldorf 1980, 101.

Untergang, auf dem »Scheiterhaufen«[44], manchmal im »Verbrechen«[45]. Kampf und Erlösung, beides gegenseitig gemeint, sind offen: die Erfahrung der Geschlechterbeziehung kennt Beispiele für beide Möglichkeiten.
Eine weitere Bestimmung des Frauseins wird wichtig: die doppelte Möglichkeit von Mutter oder Jungfrau. Gerade im Dasein der Jungfrau liegt eine Ichgewinnung, unabhängig vom Mann, äquivalent zu seiner Selbständigkeit – freilich nur im Rahmen bestimmter Aufgaben, z. B. der Priesterin, der Prophetin, der Sibylle. Die mythische Überlieferung von dem Einhorn, das nur von einer Jungfrau gebändigt werden kann, von dem Schiff, das tiberaufwärts von Ostia bis Rom von einer Vestalin mit Leichtigkeit gezogen wird, während hundert Ruderer es nicht von der Stelle schaffen können – diese eigenartige Gewalt der Jungfräulichkeit = Ganzheitlichkeit drückt sich im Mittelalter noch in der Rechtsform jungfräulicher Lösegewalt für Verbrechen aus. Vom Galgen weg konnte eine Jungfrau den Verbrecher durch Heirat begnadigen, im Sinne eines Naturrechtes, dem gegenüber das positive Recht ungültig wurde.[46] Es läßt sich fragen, ob dieses Bild der Jungfrau nicht bereits zum magischen »Untergrund« der sakralen Weiblichkeit gehört; dies ist sogar zu vermuten. Dennoch hat die mythische Ausformung, im Sinne der genannten Entsprechung zweier Hälften, die beiden Möglichkeiten des mütterlich gebundenen und des jungfräulich freien Lebens als notwendigen Zusammenhang entfaltet.
Je länger je mehr bilden sich für die beiden »Hälften« Mann und Frau gleichsam feststehende Eigenschaften heraus, die in der Folge als unverrückbare geschlechtliche Merkmale verstanden wurden. So hat etwa die Romantik folgende Zuordnungen entwickelt[47]:

---

[44] Brunhilde läßt den Leichnam des ermordeten Siegfried – ermordet durch ihren Willen – auf den Scheiterhaufen legen und steigt zu ihm ins »Brautbett«.
[45] Der Ehebruch ist eines jener Verbrechen, siehe Lancelot und Ginevra, durch den die Liebenden zusammengeschmiedet werden, aber notwendig aufgrund des Verbrechens sterben.
[46] Eine romanhafte Erzählung von Heimito von Doderer, Ein Umweg, München 1978, benutzt das Thema zur Entfaltung einer spezifisch mißglückenden Geschlechterbeziehung.
[47] Gernot Böhme, Anthropologie in pragmatischer Absicht, Frankfurt 1985, 84.

Mann	Frau
außen	innen
Weite	Nähe
Öffentlichkeit	Haus und Familie
Energie, Wille	Schwäche, Hingebung, Ergebung
Festigkeit	Wankelmut
Tapferkeit, Kühnheit	Bescheidenheit
selbständig	abhängig
erwerbend	bewahrend
gebend	empfangend
Durchsetzungsvermögen	Selbstverleugnung, Anpassung
Gewalt	Liebe, Güte
Geist	Gefühl, Gemüt
Denken	Rezeptivität
Wissen	Religiosität
Würde	Anmut, Schönheit

In dieser späten Festschreibung ist die Polarität mythischer Geschlechtererfahrung nicht nur bereits schematisch geworden, sondern, zumindest unterschwellig, bereits aus der Gleich-Gültigkeit herausgetreten. Dies darf jedoch nicht dem mythischen Ansatz als solchem angelastet werden, in dem in der Tat weder Unter- noch Überordnung, eben deswegen auch noch keine Wertigkeit der beiden Hälften gegeben schien, sondern die Notwendigkeit der Spannung des Daseins zwischen zwei Polen zu Wort gebracht wurde. Noch einmal: Schweigen und Reden, hell und dunkel, aktiv und passiv sind zwar getrennte, aber ebensosehr nur miteinander verständliche Erfahrungen. Die Entscheidung nur zu einer Seite würde mythisch das Eingeholtwerden von der anderen Seite bedeuten (Ödipus, der seinem Schicksal entläuft, läuft geradewegs darauf zu). Die späte Formel Martin Bubers: »Am Du gewinnt sich das Ich«[48], drückt die unauflösliche, in gewissem Sinne unbewertbare Balance der Geschlechter aus.

---

[48] Martin Buber, Ich und Du, Heidelberg [11]1983.

Was in Kampf und Bezogenheit von Mann und Frau auf der »Erde« aufscheint, kennt seine Analogie im »Himmel« bzw. in der »Unterwelt«. Das Gleichgewicht von Göttern und Göttinnen, z. B. in den griechischen oder auch germanischen Theomythen, wiederholt spiegelbildlich die anthropologische Erfahrung. Auch hier herrscht polare Ordnung: In der Ilias entscheidet sich das Schlachtenglück nicht nur zwischen Griechen und Trojanern, sondern entsprechend zwischen Göttern und Göttinnen verschiedener Parteien. Mehr noch, die Gleichgültigkeit der beiden Hälften ergänzt sich nicht nur im Kreis des Pantheons. Sie kennt auch eine Unentschiedenheit der Werte, eine Auslieferung an alle Möglichkeiten. Gut und Böse, Leben und Tod, Zeus und Hera, aber auch Zeus und Pluto sind nach wie vor notwendig gleich stark, ein spannungsreiches Ganzes. Deus und Devil (Teufel) haben etymologisch denselben Wortstamm Deu –, und die griechischen Götter können lügen und betrügen (wie Hermes der Götterbote *und* der Lügner ist, mit *derselben* Botschaft übrigens). Täuscht der Gott den Menschen oder der Mensch die Götter – beides gehört zum Ganzen aus Wahrheit und Lüge, Schein und Sein, Ordnung und Chaos, aus dem die Welt unzweifelhaft besteht. Im Letzten läßt sich nicht entscheiden, was stimmt: Was oben gilt, gilt unten, oder: Was oben gilt, gilt unten nicht. Wieder gelten beide Sätze; ihre Bedeutung ist übrigens im genannten Sinne gleichgültig. Auch der göttliche Geschlechterbezug, Hera im Widerspruch zu Zeus, Zeus im Kampf gegen Hera zeigt noch einmal den Unterschied von Kaiser und Kaiserin (als spielten sich ihre verschiedenen Aufgaben auf verschiedenen Ebenen ab und würden sich gleichsam im selben Hause gar nicht treffen) und zugleich das Verweben beider Seiten zum Ganzen der himmlischen Entscheidungen. Welchen Faden immer der betroffene Mensch aus dem Gewebe des Schicksals herauszieht: Er kann versichert sein, daß das ganze Gewebe ihm noch wesentlich anderes bescheren wird.
Personales Entschiedensein für etwas Bestimmtes, für einen erklärten Wert, ist ein Zug, der erst in späten Mythen auftritt und diese Welt des Gleich-Wichtigen oder des Gleichgewichts aufreißt. Dieser Zug kündigt sich etwa im Mythos von Athenes Geburt an:

Athene[49], die jungfräuliche Göttin der Tagesklarheit, die das Dunkle erstmals als Dunkles sieht (die Eule als erstes Attribut), wird Inbegriff des bewußten Denkens, der zielgerichteten Entscheidung (der Speer als zweites Attribut). Sie entspringt als Kopfgeburt (!) dem Haupt des Zeus und hinterläßt darin eine klaffende Wunde: Der Gleichklang des Kreises ist durchbrochen durch das erwachte, ichbewußte, entschiedene Denken.

4. Der Begriff des Menschen und die Frau als »die Andere«
Die mentale Struktur

Der Ausdruck »mental« ist abgeleitet vom griechischen »menis« (Zorn, Mut, Kraft, Vorsatz), das im Lateinischen »mens« (Absicht, Zorn, Verstand, Vorstellung), schließlich im Deutschen »man«, »männisch«, »Mensch« auftritt. Wenn die Ilias mit der Zeile beginnt: »Den Zorn, singe, o Göttin, des Achilles«, so zeigt das erste Wort »menin« gleichsam das Signalwort einer neu gewonnenen Art des Wirklichkeitsbezuges an. Und Minerva, die lateinische Entsprechung zu Athene, nennt auch im Namen der Göttin die von ihr geforderte Richtung. Denn im Griechenland des 5. Jahrhunderts vor Christus, um in unserem Kulturraum zu bleiben, bricht ein Denken durch, das die alte mythische Polarität zur Dualität verschärft: Wo zuvor das »sowohl – als auch« galt, gilt nun das »entweder – oder«. Diese Welt entwirft Gesetz, Richtung, Entschiedenheit, Recht, das jetzt notwendig wird, um gut und böse eindeutig zu scheiden (Hammurabi, Lykurg, Solon, Moses, Minos – um einige der zum Teil sagenhaften Begründer des Rechts zu nennen). Zugleich geht damit einher der Sinn für das »Richtige«, das sinnfällig die Wendung zum Recht und nach rechts bedeutet; die griechische Schrift läuft nunmehr von links nach rechts.[50]

---

[49] Die ursprüngliche Dreiheit der Athena wird erst später zu einer Einheit gebündelt; diese Singularisierung ist selbst ein Zeichen deutlicherer Entschiedenheit; vgl. Hedwig Kenner, Athena und die Götterwelt der Austria Romana, in: Jahreshefte des Österr. Archäologischen Instituts in Wien 2 (1971).

[50] Genauere Angaben zur Verwandtschaft von rechts und richtig in allen europäischen Sprachen, zur Bildlichkeit der Rechtswendung und zu einigen außereuro-

In der erstmaligen Entscheidung des »Herkules am Scheidewege«, der richtig nach rechts geht; in dem Y des Pythagoras, der mit diesem Buchstaben, in die rechte Hand der Schüler gezeichnet, das Bewußtsein der beiden Richtungen ausdrückt – überall hier steht rechts für Zukunft, auch für gut, wahr oder lebendig, links für »sinister« im Sinne von böse, falsch und tödlich.[51] Von den unzähligen Beispielen des jetzt notwendig gewordenen »Scheideweges« das mittelalterliche Verschen:
»Nur himel oder hellen,
Der selben weg der sind nur tzwen,
Got geb, daz wir den rechten gen,
und nicht den tzu der linkchen hant!«
Daß dies kein Zufall ist, vielmehr im Gegenteil mit einer Fülle anderer Entscheidungen und Bewertungen zusammenhängt, zeigt ein Text, der in diesem Zusammenhang, nicht zuletzt in der Geschlechterfrage, bisher nicht zur Kenntnis genommen wurde. Der Begründer der Philosophie, Pythagoras, hat gleichsam als Ursprungsdokument der Philosophie eine Gegensatztafel von zehn Prinzipien aufgestellt, die sich als unversöhnlich oder eben gegensätzlich von zehn Unprinzipien abstoßen. Damit ist eine Unterscheidung der Welt getroffen, die nicht nur Ordnung, sondern zugleich Wert, Einsicht, Beherrschung bedeutet – ein grundsätzliches »Sich-Zurecht-Finden« in der bisherigen Richtungslosigkeit des Mythos. Damit beginnt nicht nur die Philosophie, es beginnt überhaupt Bewußtwerdung im Sinne von Klarheit, Gültigkeit, Wahrheit, die sich nicht mehr durch das Vergessen ergänzt (Aletheia bestimmt die Wahrheit gerade im Gegenzug zur Lethe, dem Fluß des Vergessens). In der Überlieferung des

---

päischen Entwicklungen finden sich bei Jean Gebser, Ursprung und Gegenwart, Band I.

[51] Im Russischen heißt ›na prawa‹ rechts, ›prawda‹ Wahrheit. – Sichtlich gibt es auch eine außereuropäische Überlieferung dieser Art; die Callawaya-Indianer Boliviens bezeichnen bei den Heilungsritualen mit ›links‹ die schlechte Richtung, in die das Übel zurückkehren muß, denn links signalisiert ›hinweg‹; vgl. Ina Rösing Diederich, Und der Fluß trägt die Trauer davon, in: Forschung. Mitteilungen der DFG 1/87, 7–10.

Aristoteles nimmt sich die elementare Gegensatztafel des Pythagoras so aus:[52]
»Grenze und Unbegrenztes
Ungerades und Gerades
Einheit und Vielheit
Rechtes und Linkes
Männliches und Weibliches
Ruhendes und Bewegtes
Gerades und Krummes
Licht und Finsternis
Gutes und Böses
gleichseitiges und ungleichseitiges Viereck«.
Jeder dieser Gegensätze könnte für sich selbst beleuchtet werden; in Zusammenhang mit der Geschlechterfrage springt hier aber vor allem die Gleichsetzung des Weiblichen nicht nur mit der einen Hälfte, sondern mit ausdrücklich negativen Werten ins Auge. Deutlicher: Die Gegensatzreihe darf nicht symmetrisch gelesen werden; sie ist vom Ansatz her asymmetrisch, da nur die eine Seite, die eine, rechte, lichte, gute, männliche Seite qua Definition (= Grenze) sich der Einsicht zuordnet. Über das Weibliche läßt sich nur noch ausgrenzend, eben deswegen aber nur noch im Unterschied zu dem Erkennbaren sprechen.
Damit wird die bisherige Verwiesenheit der beiden Hälften aufeinander nicht aufgegeben, aber sie wird nun neu bewertet, genauer: Der Wert richtet den Unwert, bestimmt ihn durch Bändigung. Mythisch ließ sich noch sagen:
»Der Reifen eines Rades wird gehalten von den Speichen,
aber das Leere zwischen ihnen ist das Sinnvolle beim Gebrauch.
Aus nassem Ton formt man Gefäße,
aber das Leere in ihnen ermöglicht das Füllen der Krüge.
Aus Holz zimmert man Türen und Fenster,
aber das Leere in ihnen macht das Haus bewohnbar.«[53]
Nun wird die Leere, das Unbestimmte, die Potenz von der männli-

---

[52] Aristoteles, Metaphysik A, 5 (986a 22 bis 986b 2): Meinungen der ersten Philosophen über die Prinzipien und Ursachen.
[53] Laotse, Jenseits des Nennbaren, 54f.

chen Form her gelesen, gehalten, eben definiert. Nur vom Einen aus läßt sich über Vielheit reden, nur vom Guten aus das Böse aussondern. Der Mann wird zum Wirklichen, die Frau zum Möglichen, das von ihm, dem Mann, verwirklicht wird. Folge (oder Ursache?) dieses Denkens ist eine Zeugungstheorie, worin der Mann als Sämann, die Frau als Ackerfurche auftritt. »Ist die Erde dem Vermögen nach ein Mensch? Doch wohl nicht; vielmehr erst, wenn sie Same geworden ist. (...) Was ist die Ursache im Sinne von Stoff? Etwa die Menstruation?«[54] Wenn es bei Parmenides (um 500 v. Chr.) noch heißt: »Auf der Rechten (der Gebärmutter läßt der Same entstehen) die Knaben, auf der linken die Mädchen«[55], so ist bei Aristoteles diese räumliche Zuordnung bereits in eine hierarchische Ordnung umgewandelt. Seit daher bestimmt die klassische Philosophie (und Theologie) den Mann als den einzigen Erzeuger des neuen Menschen, der im übrigen wieder ein kleiner Mann ist und nur durch »widrige Umstände« – so Aristoteles – beim Transport in das passive Gefäß der Frau zu einem Mädchen degeneriert. Bekanntlich folgt noch Thomas von Aquin der Vorstellung von der Frau als dem »Mangelhaften und Zufälligen«[56], weil die Schwächung der wirkenden Kraft des männlichen Samens durch die schlechte Materialität der Mutter verschuldet sei. Entsprechend sei der Vater ontologisch mehr zu lieben als die Mutter.

Zweifellos geht mit diesem Sinn für das »Richtige« und Aktive auch das Durchsetzen des Vaterprinzipes einher, das hier nicht in allen unerhört wichtigen Folgerungen geistesgeschichtlicher Art benannt werden kann; festgehalten sei hier nur, daß aus dem bisher richtungslosen Verquicktsein mit der Umwelt oder der Natur nun das Bewußtsein des Raumes durchbricht, der dimensional, also meßbar gedacht wird. Raum ist nicht ohne Bewußtwerdung von Richtung zu denken. Bereits in dieser kleinen Beobachtung wird deutlich, zunächst unabhängig von der Geschlechterfrage, daß die mentale Struktur zunächst eine faszinierende Befreiung aus dem

---

[54] Aristoteles, Metaphysik, 1049a; vgl. 1044a, 1071b, und De generatione et corruptione 335b 6.
[55] Parmenides, Fragment 17.
[56] Thomas von Aquin, Summa Theologiae I, q. 92, 1 ad 1.

Psychisch – Unentschiedenen, Unpersonalen, dem Kreislauf des Immergleichen darstellt. Noch in ihren heute so deutlich empfundenen Ungleichheiten liegt die Größe des Durchbruchs in eine Welt der Einzigkeit, Unverwechselbarkeit, des Wissens gegenüber der bloßen Meinung, der Wahrheit gegenüber dem bloß Stimmigen, der Klarheit gegenüber dem Halbdunkel traumhafter Weltbeziehung. Freilich wird die Eindeutigkeit nur als Einseitigkeit durchgesetzt. Die Identifizierung von Recht und Mann bedeutet geschichtlich auch die Identifizierung von Rechtlosigkeit und Frau; alles Bewußte wird nunmehr auf Kosten des Unbewußten, des Unmeßbaren gelebt (die bisher »selbstverständliche« Bilderwelt läßt sich nicht mehr lesen, sondern muß nun sinnvoll gedeutet werden). Auch die mütterliche, den Ahnen und den Toten zugewandte Vergangenheit wird nun auf das Zukünftige männlicher Direktiven überholt. Der Mensch als Mann versteht sich verstärkt herkunftslos, autonom, nicht von der Mutter, sondern von sich selbst begründet, als »Selbstdenker« (Nietzsche formuliert im »Zarathustra« das Wortspiel »Selbstdenker-Selbsthenker«).
Solche Formulierungen deuten ein Verhängnis an, das sich heute in der Spätzeit des mentalen Welt- und Selbstverhaltens deutlich ausprägt. Dennoch wird diese Entwicklung falsch eingeschätzt, vielleicht könnte man sagen: Man wird ihrem Rechtsbewußtsein nicht gerecht, wenn man die ursprüngliche Befreiung darin nicht als den eigentlich bewegenden Ansatz der Veränderung verstanden hat. Dies entbindet nicht von einer Kritik; sie müßte nur vor dem Hintergrund einer eindringenden Kenntnis der gewonnenen gedanklichen Leistungen ihrerseits verantwortlich geleistet werden.
Zu dieser Kritik hier ein Beitrag. In der »Gegensatzwelt« herrscht grundsätzlich immerwährende Aufklärung mit dem Pathos immerwährenden Fortschritts, aufbauend auf dem gewonnenen Gedanken einer linearen Geschichtsentwicklung, deren Koordinaten der Mensch festlegt. Ein Unterscheiden von Ursache und Folge, von Anfang und Ende ist eine Differenzierung, die zunächst hilfreich gewonnen wird. Eine weitere ist die Entdeckung der Quantifizierung oder Meßbarkeit aller Dinge, die aus einer numinosen

Unverfügbarkeit in das Teilen und Herrschen des Menschen einrücken: Analyse als Basismethode der Wissenschaft. Über Platons Akademie stand der Satz: »Nur wer der Geometrie kundig ist, möge eintreten«. Die alte Mutter Gaia wird hier dem Metermaß ihrer Söhne unterworfen; und nur wer in der Lage ist, die Göttinmutter messend zu behandeln, ist für das geforderte Denken frei. Insofern Wirklichkeit aber nun und im folgenden auf das Messende (Vermessene) abgestellt wird, wird sie ihrer Qualitäten, des Nichtmeßbaren beraubt, als Ganzes aus dem Auge verloren, im Sektor beherrscht. Mit dem Einsatz der Neuzeit verstärkt sich diese Richtung auch den Worten nach zu einer Inquisition; Francis Bacon, einer der »Väter« der modernen Naturwissenschaft, sprach von der Folterbank, auf welcher der Natur im Experiment ihre Geheimnisse abzupressen wären. Galilei forderte ebenso programmatisch, alles meßbar zu machen, was nicht meßbar sei, und noch Kant sprach davon, man müsse die Natur zu einer Antwort »nötigen«. Die Naturwissenschaft war damit endgültig in die Quantifizierung eingetreten – eine Entwicklung, die durchaus ungeheure Erfolge aufweist. Damals mit unwiderstehlicher Selbstverständlichkeit gehandhabt, ist es freilich heute verdächtig geworden, die Natur nur als »Gegenstand«, also eigentlich als Widerstand zu nehmen, der zu überwinden, zu beherrschen, zu unterwerfen sei. Dieses Verständnis hat sich in der Tat unerwartet auf den Menschen selbst ausgedehnt und damit die Fragwürdigkeit des rein messenden Verhaltens einsichtig gemacht. Je länger je mehr sich das mathematisch-geometrische Denken durchsetzt, desto mehr wird der Mensch, wie etwa im 17./18. Jahrhundert, dem Regelkreislauf einer Maschine verglichen. Der französische Aufklärer La Mettrie sprach vom »L'homme machine« (1748); literarischen Ausdruck fand dies in E. T. A. Hoffmanns Menschenpuppe Coppelia. Eine der Spielereien derselben Zeit war der Versuch, maschinelle Tiere und Menschen herzustellen. Schließlich werden auch die bisher ausgesparten psychischen Gegebenheiten des Menschen in die Zerlegung mit einbezogen. Kennzeichnend sind die noch primitiven Versuche der französischen und deutschen Aufklärung, auch seelische Gefühle als Maschinenreaktionen zu deuten (Enzyklopädisten). Anspruchs-

voller wurde diese Denkrichtung im 19. Jahrhundert, wo die Humanwissenschaften (Historie, Psychologie, Anthropologie, Sprachwissenschaften) bewußt das Konzept der Naturwissenschaften nachvollzogen, die Regelabhängigkeit alles menschlichen Verhaltens, die Schemata des Individuums darzulegen; seelische Zwänge, gesellschaftliche, historische, ökonomische, erziehungsmäßige Abhängigkeiten wurden unleugbar und zunächst unentrinnbar. Das Wissen, das mit dem Charakter der Erhellung und Beherrschung begonnen hatte, endete hier mit der ausweglosen Fixierung des Denkenden auf das Gewußte.
Diese letzte Folge eines ursprünglich entdeckungsfreudig, ja im Namen der Freiheit vollzogenen Ansatzes kann zwar nicht einfach anklägerisch der mentalen Struktur zur Last gelegt werden; dennoch ist darin ihre geistige Weichenstellung deutlich auszumachen. Daß die damals verborgenen Rückseiten einer Denkhaltung heute zum Vorschein kommen, weist auf die Notwendigkeit einer Überholung des einst Gewonnenen hin.

Sofern der Logos die Welt des Mannes durchdringt, durchdringend klärt, wird nun alles Nicht-Logosbestimmte gerichtet und ausgeschlossen. In dieser Welt des Exklusiven rückt die Frau nun entschieden auf die Seite des zu Bändigenden, das unter den Schleier gehört, in dieses Dunkel, in dem sie ohnehin »zuhause« ist, das aber in der Kleidung noch einmal betont wird mit dem Verbinden der Mundpartie, der Unsichtbarkeit ihres Körpers, der Alterslosigkeit unter den schwarzen Gewändern, dem Gesichtslosen. Deutlicher als bisher, dualistischer als zuvor gerät die Frau auf die Seite nicht nur des Verborgenen, sondern notwendig des Dienenden. Wenn sie an der männlich geprägten Welt teilnimmt, dann zweitrangig, falls nötig maskulinisiert, wie die Bildungsgeschichte an den mönchisch oder männlich verkleideten mittelalterlichen Frauen zeigt. In einer Reihe von Kulturen (besonders der europäischen) gelangt die Frau auch zu einem gewissen Recht, ohne daß ihr dies jedoch ursprünglich, vielmehr nur abgeleitet zukommt.[57] Der Geschlechter»kampf«

---

[57] Die Rechtsgeschichte belegt diese Behauptung gerade mit ihren Anfängen zweifelsfrei; verwiesen sei nur auf die so merkwürdig berührende Tatsache, daß auch

kann von mehrfachen Vollzügen her bestimmt sein: vom »Benutzen« der Frau als Gebärerin, während sich Liebe im personalen Sinn von Mann zu Mann aufbauen kann wie im antiken Griechenland; vom Einsetzen der Frau als Arbeitskraft oder auch als Mitgiftbringerin (bis zum heutigen Tag finden sich »Mitgiftmorde« zum Zweck einer zweiten Heirat in Indien!). Die starke Geschlechterspannung entwickelt freilich auch den personalen Bezug, etwa im Minnedienst, im Gedanken der Einzigkeit der Geliebten, ja der unglücklich Geliebten. Und es gelingt auch, die Liebe als die eigentliche »Versöhnung« des Kampfes zwischen den Geschlechtern zu erfassen, wie es Hegel in den »Vorlesungen über Ästhetik« II versucht. Dennoch, auch bei Hegel in der »Rechtsphilosophie« von 1821 (§§ 161–169), gilt als Regel die hierarchische Überordnung des Mannes über die Frau als das Gegebene; im Recht wird nur nachvollzogen, was die Natur ohnehin eingerichtet hat.[58]
Diese (noch) so vertraute Welt sei mit den wenigen Hinweisen nur angedeutet; gerade hier ist das Forschungsmaterial überreich und soll deswegen als Porträt einer Denkhaltung nicht gänzlich ausgezeichnet werden.

Für den Gottesbezug des Menschen wird hier notwendig die Vatergestalt in ihrer befreienden Größe einsichtig und erfahrbar. Gerade heute, wo die Vaterwelt und das Gottesbild mit ihr neu befragt werden muß, ist es wesentlich, sich auch den gedanklichen Durchbruch dieser Theologie deutlich vor Augen zu halten, sonst gelangt man in jene Unklarheit, die nicht eine wirkliche Lösung bringt, sondern eher ein Zurück. So ist zunächst hervorzuheben, daß sich der Vaterwelt, gestützt von Judentum und Christentum, folgendes

die zehn Gebote des Moses ursprünglich für Männer formuliert waren (s. das 9. Gebot: »Du sollst nicht begehren deines Nächsten Weib.«) – Als Olympe de Gouges 1791 die Frauenrechte formuliert (»Les droits de femme et citoyenne«), übernimmt sie schlechthin das Modell der Menschen-/Männer-Rechte.

[58] Die Diskussion des Naturrechts kennt zwei Seiten: überwiegend die »natürliche« Unterordnung der Frau, aber auch – in geringerem Maße und christlich inspiriert – die Betonung ihrer Gleichgeschöpflichkeit und Gleich-Rechtlichkeit. Die Bedeutung des Naturrechts für die Minderstellung der Frau ist erst ungenügend geklärt. Vgl. Ernst-Wolfgang Böckenförde/Franz Böckle (Hgg.), Naturrecht in der Kritik, Mainz 1973.

verdankt: Die vielen numinosen Mächte und Gewalten werden nu
von einem Einzigen, dem Einzigen, in Schranken gehalten, und
mehr als das: sein Gegenüber, der Mensch, muß sich nun ebenso
einzeln, ichhaft vor ihm verantworten. Die grundsätzliche Entdeckung nicht nur des Vatergottes, sondern auch der Person findet
Ausdruck etwa in der Gestalt des Moses, der gegen das Volk ein Ich
setzt in jenem heiligen Zorn, in dem die Gruppe nicht mehr gilt,
nicht mehr das bisher gehabte Wir, nicht mehr das Kindhafte, das
Selber-nicht-unbedingt-entscheiden-Müssen, schon gar nicht Entscheiden-Dürfen, sondern jenes innerste und tiefste Getroffensein
von einem Anruf, für den ich als Einzelner einzustehen habe, wenn
es sein muß bis zum Martyrium. Religionsgeschichtlich kennen nur
Judentum, Christentum, Islam den Martyrer, aus dem Grunde,
weil die mythisch-religiöse Bindung ein Rücktauchen voraussetzt
in das, was alle denken, alle glauben, während hier etwas anderes
sein Recht fordert: die Unersetzlichkeit meines eigenen Standpunktes, eingefordert vom lebendigen Gott. Es ist wohl nicht einfach
eine menschliche Entdeckung, sondern eben tatsächlich Durchbruch der Offenbarung, daß Gott anders ist als die Welt – während
in den mütterlichen Kulturen Erde, Sonne, Mond, die Elementarkräfte der Welt dämonisch-göttliche Mächte in einem waren. Gott
ist anders als diese Welt, nicht identisch mit der Erde, nicht
identisch mit der Fruchtbarkeit, nicht identisch mit Sexualität: eine
Grundaussage Israels gegen Kanaan. Ebenso tiefgreifend die Offenbarung, die auf diesem unerschütterlichen Element aufruht, daß
Gott gut ist, Licht, ewig, Einer – Formulierungen, die nicht einer
früheren Zeit angehören, wo sich helldunkle, unentscheidbare
Potenzen, wo sich religiöse Urangst und religiöses Opfernmüssen
mischen, wo ein unbekanntes Dunkel befriedet werden muß.
Gerade am Vater wird aber nun die entschiedene Eindeutigkeit des
Guten offenkundig: »Gott ist Licht und *keine* Finsternis ist in ihm«
(1 Joh 5) – während in der mythischen Polarität Licht und Finsternis
in Gott (oder Gott und Teufel) sich die Waage halten. Auch die Zeit
wird nun in ihrem Entscheidungscharakter erkannt; mit der Sprengung der antiken Kreisform wird auch das Empfinden der Wiederkehr des Gleichen und damit der Gleichgültigkeit des Geschehens

aufgehoben. Geschichte wird unwiederholbar, weil fortschreitende Heilsgeschichte, wie im großen Entwurf des Augustinus in »De civitate Dei«; dies drückt sich in der Jahreszählung seit Christi Geburt aus: eine ungeheure Befreiung aus dem Ungegliedert-Richtungslosen des bloßen Nacheinanders der Jahre. (Demgegenüber ist übrigens das Kirchenjahr auf die gegenwärtige Erinnerung des Immergültigen gegründet.) So bringt die Vatergestalt Gottes das Bewußtsein von Endgültigkeit: nicht zuletzt vom unwiderruflichen Angenommensein im Guten, von der Durchsetzung des Rechtes und der Gerichtetheit, auch der Geistigkeit gegenüber dem Ungeordneten und Doppeldeutigen. Altes wie Neues Testament wären einmal daraufhin durchzuprüfen, wie verflochten die Bildlichkeit von Recht, Licht, Sonne, Gesetz und rechts sind; als auffälliges Beispiel hier nur Psalm 96: »Es freuen sich die Städte Judas deiner Urteile wegen, o Herr (...) ein Licht geht auf dem Gerechten, und Freude den Rechtschaffenen im Herzen.«[59] Und in der Apostelgeschichte spricht Saulus einen Pseudopropheten an: »Sohn des Teufels, Feind aller Gerechtigkeit, hörst Du nicht auf, die rechten Wege des Herrn zu verdrehen? Nun ist die Hand des Herrn über Dir, blind wirst Du sein und die Sonne nicht sehen« (Apg 13,5–12).
Paulus spricht von jenem »Vater«, der die »Söhne« ein für allemal adoptiert hat (Gal 4,5). Er gebraucht damit das Bild des römischen Vaters, der sein Kind nach der Geburt vom Boden aufhebt, es betrachtet und »entscheidet«, ob es das seine ist. Hat er das Kind einmal angenommen – und diese Entscheidung ist ihm möglich –, so bleibt der Entschluß unverbrüchlich. Paulus benutzt die römische Rechtssprache, um die geistige Entschiedenheit, die Nichtumkehrbarkeit dieses Vorgangs auszudrücken, womit der Vatergott die Söhne adoptiert. Und hier setzt ein nicht einfach eine Unterdrückungsgeschichte der mütterlichen Seite in Gott, sondern eben auch ein Durchbrechen von Qualitäten. Denn wenn Gott unerschütterlich zu uns entschlossen ist, heißt das wohl, daß auch der Mensch ihn immer in derselben Form ansprechen kann, ohne Angstschrei, ohne Opferzwang übrigens. Was jetzt deutlich wird, ist Freiheit des

---

[59] »Exsultant civitates Juda propter judicia tua, Domine (...) Lux oritur justo, et rectis corde laetitia.« Vgl. Psalm 18.

Menschen Gott gegenüber. Es ist jene Form des Gegenübertretens, der Freiheit, des Nicht-mehr-Ausgeliefertseins, von der Kierkegaard im 19. Jahrhundert scharf beobachtend sagte, seit Jesus Christus seien die Menschen frech geworden. In der Tat ist diese »Frechheit« im Gegenentwurf gegen das Heidentum mitgegeben; wo die Treue Gottes so unverbrüchlich wird, wird selbst die Hölle zu einem Ort menschlicher Zielrichtung, nicht mehr aber – wie in der griechisch-römischen Antike – zu einem aufgezwungenen, unentrinnbaren Ort der Toten. Nochmals Paulus in einem von Grund auf unmythischen Text: »Denn der Sohn Gottes (...) war nicht Nein und Ja, sondern in ihm war das Ja. Denn alle Verheißungen Gottes finden durch ihn das Ja« (2 Kor 1,19f.).
Auf der Seite des menschlichen Selbstverständnisses antwortet dieser Versicherung das starke Ichgefühl des Einzelnen als eines Einmaligen, und darüber hinaus der Gedanke der Person als des liebend Angerufenen. Es gibt keine spätantiken Schriften, nicht einmal jene von Sokrates, die in einem derartigen Sinne von den Gedanken der Freiheit und der Unersetzlichkeit jedes einzelnen Menschen getragen sind wie die Paulus-Briefe. Hier sind auch die Kirchen*väter* mit der Weckung dieses Bewußtseins gegen die magisch-mythischen Kräfte anzusiedeln, auch die Rechtsgestalt der Kirche, ebenso ihre dogmatische (d. h. auf definitive Klarheit und Allgemeingültigkeit bedachte) Lehrstruktur. Was an derartigem heute vielfach als Belastung und Einseitigkeit seines ausschließenden Charakters wegen empfunden wird, ist in seinen geschichtlichen Ursprüngen viel eher eine Atem verleihende Eindeutigkeit des endlich gefundenen Begriffs und Inhalts der Wahrheit.
Hier setzt freilich auch ein, was heute auf den Nägeln brennt, daß vom Grundsätzlichen her die Frau in diese Personalität einbezogen ist, wie in der großen Galaterstelle: »Nicht Jude, nicht Heide, nicht Sklave, nicht Freier, nicht Mann, nicht Frau – ihr alle seid Einer in Christus« (Gal 3,28). Dieser ungeheure Satz kennt keine Parallele in der Literatur der Zeit. Die Frau wird gerade in ihrer Personalität, d. h. in der Form des Geistigen und Verantwortlichen, präsent. Dennoch blieb der geschichtliche Träger des Geistigen, jenes Geschlecht, das gleichsam Klarheit, Gut-

heit, Wissen, Ordnung (auch in der Kirche) repräsentiert, bisher der Mann. Daß in der Ausfaltung dieser Gedanken die mütterlichen Bilder Gottes in der Bibel nicht nur in der bildenden Kunst, sondern mehr noch im religiösen Bewußtsein weithin verschwanden, ja daß bereits in der Redaktion der biblischen Texte solche Bilder entschärft wurden, ist ein Vorgang, der vor dem Hintergrund der Vaterkultur insgesamt gesehen werden muß. Noch einmal: Diese Einseitigkeit hat einer Eindeutigkeit gedient, ist aber darüber hinaus heute neu anzufragen, wie es bereits nachdrücklich geschieht.

5. Das Gewinnen des Ganzen
Die integrale Struktur

Die sich schon seit dem Ende des 19. Jahrhunderts abzeichnende »Nachneuzeit« scheint auf eine Überwindung der Neuzeit hinzuweisen, sofern sie in eine bloße sinn-lose Rationalität verflacht ist. Wie es sich anfänglich in der Kunst (im Wort wie im Bild) ausdrückt, kann es als ein Merkmal der Zeit gelten, Freiheit von der perspektivischen Fixierung an den Raum, also an die »Richtung« zu gewinnen, die sich als überhaupt verlassene Perspektive, als Aufhebung der einseitigen Ansicht und des fixierenden Auges äußert.[60] Stichworte wie »Raum- und Dingzertrümmerung«, durchaus ungriechisch, weisen auf die irritierende, auch zerstörerisch wirkende Freisetzung von der bisherigen geordneten Räumlichkeit hin.

Die vielfältigen Entwicklungen, die hier anzuführen wären, sind durchaus noch nicht in einer adäquaten Weise zu ordnen; gerade der Ordnungsversuch etwa des New Age zeigt vielmehr die Widersprüchlichkeit, die Unschärfe einer Deutung, die ihre Phänomene eben nicht vom Denken her kategorisieren will, deren Medium selbst aber kaum in Ansätzen überzeugend entwickelt ist. Bezeichnend ist am ehesten das Hochkommen, vielleicht sogar der Rückfall in bereits überholt geglaubte Strukturen; nicht notwendig aber ist

---

[60] Erneut dazu: Jean Gebser, Ursprung und Gegenwart, II.

ein solches Hochkommen insbesondere magischer und mythischer Zusammenhänge, ein sinnvolles Überholen unzureichend gewordener Lösungen.

In diesem knappen Versuch sei daher nur auf die deutlicher faßbare Neuordnung der Geschlechterfrage eingegangen. Hier ist eine grundlegende Entdeckung zu kennzeichnen: C. G. Jung hat in den dreißiger Jahren tiefenpsychologisch die Theorie des gegengeschlechtlichen Anteils in der Seele (anima-/animus-Lehre) erarbeitet. Damit ist der Grundzug einer neuen Anthropologie gewonnen; es geht um das Freiwerden des *Menschen* in Mann und Frau. Überhaupt ist mit der Freilegung der Psyche im 20. Jahrhundert der Schritt zur Ergänzung einer bloß einseitig rationalen Männlichkeit als Prototyp des Menschlichen getan. Sigmund Freud hatte mit der unausgewogenen Geschlechterzuordnung den unheilvollen Zug der Neuzeit seit der Renaissance charakterisiert: Wie Ödipus den Vater erschlug und die Mutter heiratete, so habe der neuzeitliche Mensch den Vater(-Gott) getötet und die Mutter, die Erde nämlich, ausgebeutet. Ohne sich der Interpretation Freuds in bezug auf den »Ödipus-Komplex« des Einzelnen anzuschließen, so besitzt der benutzte Mythos doch trotz seiner Unschärfe eine Warnung, der sich die Neuzeit verweigert hatte.

Positiv gewendet und um in diesen symbolischen Übertragungen zu bleiben: Es geht in der kommenden Zeit darum, im neuen Verhältnis zur Frau auch ein neues Verhältnis zur Erde zu gewinnen (hier liegt der tiefere Grund der Ökologie-Debatte) und damit ein seiner Einseitigkeit und zerstörerischen Durchsetzungskraft enthobenes Verständnis des Mannes.

Diese psychischen und symbolischen Einsichten sind aber noch deutlicher zu bewahrheiten an der konkreten »Frauenfrage«. Denn seit dem 19. Jahrhundert zeichnet sich ein bisher nicht bekanntes Bewußtwerden der Frau ab, die das Ungleichgewicht der Geschlechter als ungerecht begreift. Diese Bewußtwerdung entwickelte sich in bedenkenswerten Anläufen. Wenn man die mystischen Frauengestalten des Mittelalters einmal nicht berücksichtigt, so ist die erste größere Bewegung dieser Art in der frühen Neuzeit, der

Renaissance nämlich, anzutreffen; dort kann die Frau erstmals teilhaben an der männlichen Bildung, freilich nur als Aristokratin.[61] Diese Bildung ist ausdrücklich die rationale; alte Sprachen und neue Wissenschaften werden auch von Frauen beherrscht. Erasmus schreibt dazu ein aufschlußreiches Zwiegespräch zwischen einem (ungebildeten) Abt, dem Vertreter des Mittelalters, und einer (hochgebildeten) Humanistin, Vertreterin der Neuzeit.[62] Hier entdeckt die Frau die taghelle Seite ihrer selbst; sie macht sich zu eigen die neuzeitliche Rationalität, auch im Sinne der Vermessung und Beherrschung der Natur und des Selbst. Im Unterschied zu den fast ausschließlich klösterlich gebundenen, der Mystik zugeneigten Denkerinnen des Mittelalters entwickelt sich hier eine Lust am Individuellen, die Möglichkeit eigener Lebensgestaltung. Die Fürstin als Patronin der Künste und des Wissens, die Politikerin, die Gelehrte, nicht zuletzt die Dichterin zeigen den persönlichen Ton, die Eigenheit des Ego, die grundsätzliche Freude an der Aktivität, die hier auch an Frauen sichtbar wird.

Ein weiterer geistesgeschichtlicher Schub vollzieht sich in der Romantik, d. h. um die Wende von 1800. Ab hier datieren neuerdings die Lexika die Ursprünge der Emanzipation, an Namen wie Caroline Schlegel-Schelling, Bettina von Arnim, Marianne von Willemer, der Günderrode und anderen Goethefreundinnen. Insgesamt besitzt die Romantik eine hervorragende Reihe von Frauengestalten, die – hinausgehend über die Tagesklarheit der frühen Neuzeit und über die Bewußtseinsanalyse der Aufklärung – das »Geheimnis«, die Nachtseite des Lebens einbeziehen. Nacht und Tod werden hier nicht entdeckt als Gegensatz, sondern als Einheit mit dem Leben. Von hier an reißt die Kette nicht mehr ab: Annette von Droste-Hülshoff beschreibt realistisch und nicht geträumt die Abgründe der Vorzeit und der eigenen Seele (»Die Mergelgrube«), wie sie wohl nie zuvor beschrieben wurden. Anschließen lassen sich die

---

[61] Vgl. ausführlich Hanna-Barbara Gerl, »Der vermessene Mensch«. Mann und Frau in der Anthropologie der Renaissance, in: Dieter R. Bauer/Elisabeth Gössmann (Hgg.), Eva – Verführerin oder Gottes Meisterwerk? Philosophie – und theologiegeschichtliche Frauenforschung, Stuttgart 1987, 73–100.

[62] Erasmus von Rotterdam, Abbatis et Eruditae Colloquia familiaria, Stuttgart 1976 (lat.-dt.).

verschiedenen Frauenbewegungen des 20. Jahrhunderts, deren Spuren sogar bis in die islamische Welt reichen, und diese Bewußtwerdungsvorgänge sind in der Tat nicht mehr umkehrbar.
Hinzu kommt etwas, was nicht unterschätzt werden darf: die biologische Klärung von Zeugung und Empfängnis. So sehr in der mütterlichen Welt der Mensch gleichsam eigentätig der Mutter entstammt und keines »Vaters« bedarf, so sehr hat die Vaterwelt, von Aristoteles angeleitet, bis zum 19. Jahrhundert (1827) geglaubt, der neue Mensch werde vom Mann gezeugt und in die Frau nur als Brutkasten übergeben. Diese irrige Behauptung ist nicht zuletzt in die Ethik der Geschlechter eingerutscht. Wie die Psychologie, so hat auch die Biologie den tiefen Graben zwischen Mann und Frau beseitigt, denn die intensive sowohl psychische wie biologische Bezogenheit beider Geschlechter aufeinander läßt sich nicht mehr bestreiten; eine Bewertung oder Hierarchisierung ihres biologischen Unterschieds ist gar nicht mehr möglich.

Für die Theologie zeigen sich vergleichbare Anzeichen einer neuen Wahrnehmung Gottes; der Satz von Johannes Paul I. (1976), Gott sei noch mehr Mutter als Vater, brachte mittlerweile eine Fülle von weiteren Einsichten zutage. Hier ist eine Überlegung aufgebrochen, die längst noch nicht am Ende ist; Genaueres dazu wird ja auch in diesem Buch noch gesagt. Auf jeden Fall zeigen sich heute nicht nur Bestrebungen, die Identität von Frau und Mann aus dem Spannungsfeld der Geschichte neu zu begreifen, sondern, um es ungewöhnlich zu formulieren, auch die Identität Gottes neu wahrzunehmen. Gerade hier erweist sich, daß Theologie und Anthropologie aneinander gültig werden. Im Sinne Goethes: Wir dürfen von Gott anthropomorph sprechen, weil wir selber theomorph sind.
Seit kurzem finden sich in der Literatur Überlegungen über den Geist als das »weibliche« Element in Gott, was in der alten Sophialehre, der Lehre von der ungeschaffenen Weisheit, besonders in der orthodoxen Kirche vorgebildet war. Wichtig scheint jedoch und immer erneut der religiösen Balance aufgegeben, in Gott nicht eine Art geschlechtlicher Spaltung anzunehmen, sondern seinen

transgeschlechtlichen Grundzug wahrzuhaben (dies aber auch in »Vater« und »Sohn«).[63]
Hinzu kommt, daß Gott und seine Schöpfung (Himmel und Erde) viel mehr von ihrem Wesen her aufeinander zu beziehen sind, als es bisher weithin der Fall war; ihr Bezug ist philosophisch gesprochen nicht mehr derjenige einer *Transzendenz* des Diesseits durch das Jenseits. Diese dualistische Vorstellung »zweier Welten« hat, wie in der Religionskritik des 19. Jahrhunderts, bei Feuerbach, Marx, Nietzsche scharf herausgestellt, die »Hinterwelt« als das Entscheidende verstanden und das »Irdische«, Materielle auf die Seite des Unwerten, Vorläufigen gedrängt, jene Seite, auf der sich die Frau als Gattungswesen und stofflich-sündhafte befand. Das neue Wort mit dem Hintergrund neuer Bewußtwerdung wird vielmehr lauten *»Transparenz«*: das Durchscheinen des Ursprungs in allem Vorfindlichen, des Himmels *in* der Erde.
Diese gemeinte Transparenz war tatsächlich theologisch schon vorgedacht: im Entwurf der verklärten Leiblichkeit etwa, oder im Entwurf der kommenden Welt, wie es über das himmlische Jerusalem heißt:
»Sie ist in Goldschöne / Wie durchsichtiges Glas / Alldurchschaubar / Durchaus lauter. (...)
Die bedarf nicht der Sonne / Noch des Mondenschimmers / Je zur Erleuchtung. / In ihr ist Gottesschimmer / Der sie ganz durchleuchtet / Zu gemeinem Frommen.«[64]
Die heutige Aufgabe wäre jedoch noch drängender darin zu begreifen, daß diese »Durchleuchtung« der Welt mit Gott bereits jetzt statthat, allein schon kraft des Ernstes seiner Fleischwerdung. Ganz *in* der Welt, aber ganz selbstvergessen in ihr, nicht penetrant – diese Balance Gottes zur Welt, frei von jedem Pantheismus und ebenso frei von jedem abgedankten, abgerückten Welten-Mechaniker, der sein Geschäft mittlerweile dem in der Tat geschäftigen Menschen übertragen hat, diese Balance hat die Theologie neu und tiefer zu zeichnen. Gebunden ist dieses Denken der Transparenz Gottes in seiner Schöpfung zweifellos an ein neues Wahrnehmen der Schöp-

[63] Vgl. genauer das Schlußkapitel: Gott – Vater und Mutter?
[64] Gedicht aus dem 12. Jahrhundert.

fung selbst, wie es schon bei Teilhard de Chardin, der sich selbst als »Sohn der Erde« bezeichnete, und in Ida Friederike Görres' Wort von der »Andacht zur Erde« anklingt. Im Hintergrund, unchristlich, aber die Theologie herausfordernd, auch die Zeile Rilkes: »Erde, du liebe, ich will. (...) Namenlos bin ich zu dir entschlossen, von weit her.«[65]
Sollte eine Schöpfungstheologie darauf Antwort geben, so wird auch die Gestalt der *Frau* als ein bisher zu wenig ernstgenommenes Ebenbild ihres Schöpfers, in besonderer Transparenz auf ihn hin, gewahrt werden müssen. Ebenso wird sich zeigen, daß eine neue, besser: neu ausgelegte *Mariologie* erforderlich wird, die den Gedanken des »integralen Menschen« erstmals an einer Frau einsichtig macht. Unter dieser drängenden Frage sind die Mariendogmen des 19. und 20. Jahrhunderts tiefer zu lesen: Die »Unbefleckte Empfängnis« weist auf eine Ganzheit hin, die unabhängig ist von der dualen Geschlechtszugehörigkeit (ebenso wie das viel ältere Dogma von der Jungfrau-Mutter die Unabhängigkeit von einer Definition und Sinngebung der Frau durch den Mann aufzeigt). In der »leiblichen Aufnahme Mariens in den Himmel« wird gerade die Erde auf den Himmel zu geöffnet, nicht mehr durch ihn abgewiesen: ein Fest der aufgehobenen Zweideutigkeit des »Fleisches«, erneut an der integren Frau erfahren.

Die Kirche, die sich erst seit kurzem dem Thema »Frau« stellt, hat immerhin – bei allem noch zur Sprache kommenden Zögern, ja einer spürbaren Unsicherheit – als ein Zeichen der Hoffnung 1970 zwei Kirchenlehrerinnen ernannt: Teresa von Avila und Katharina von Siena. Jedes Zögern, selbst jedes Verbot bewirkt ja außer einer Stauung der Kräfte auch ihre Klärung und Verdichtung; so mag das bisher nicht zugelassene Amt der Frau in der Kirche noch in einer letzten Sammlung der Kräfte stehen. Zugleich ist es die nicht delegierbare Aufgabe der Frauen, weiterreichende Einsichten zu formulieren. Die Beziehung Frau und Kirche wird nicht an der Klagemauer des Vergangenen und nicht Erlaubten gelöst. Diese Beziehung bleibt so lange fruchtbar, wenigstens offen, so lange die

---

[65] Duineser Elegien, 9. Elegie (Schluß).

Vorarbeit, das Vor-Denken, das spirituelle Erproben von den Frauen selbst wahrgenommen, also der Anstrengung der Wahrheit unterzogen wird.

Unser historisches Erwachen beginnt mit der Erdhaftigkeit, der Bindung und schließlich dem Verfallensein an das Magische der Erde, deren Äquivalent die Frau ist. Nach allen Phasen der Ablehnung, Vergewaltigung der Frau (und der Erde) zeichnet sich eine Rückkehr zu ihr ab: transparent auf den Schöpfer.
Das gelingt nur, indem die Frau nicht als Gattungswesen, sondern als Mensch durchsichtig wird. Es würde der Theologie und der Kirche und unserer Gesamtkultur zur Ehre gereichen, diesen kommenden Vorgang mit den ihr besonderen Kräften zu stützen, wie ihr das ja zu Beginn des Christentums mit den »Vätern« so befreiend gelang. Ließe sich diese Inspiration nicht heute gleichermaßen befreiend auf neues »Terrain« folgen?[66]
Das heißt aber für die Frau, daß sie in der Fülle ihrer Anlagen – ihrer Mütterlichkeit, in ihrer stärkeren seelischen Geborgenheit, aber auch in jenem rationalen Aufwachen, das wir heute mit dem Stichwort »Emanzipation« eher unglücklich besetzen – nicht eine Anlage gegen die andere ausspielt. Man muß der Frau sicher Rationalität als gültige Form des Menschseins zuweisen in dem Sinne, daß die Frau heute auch vom Verstand her anzusprechen sei, über Bildung, über einen eigenständigen Beruf, über all das, was wir mit den Werten Freiheit und Selbstand verbinden. Das ist ein Moment, das lange unentwickelt, ja nicht zugelassen war und deswegen heute mit einem enormen Schub zutage tritt, auf der anderen Seite aber auch nicht verabsolutiert, freilich ebensowenig verhindert werden sollte. Ähnlich ist es einseitig, die Frau schlechthin auf Mütterlichkeit festzulegen; dieser Bereich macht sie nicht allein aus. Umgekehrt geht es auch nicht darum, Mütterlichkeit zu verweigern. Um es einfach zu sagen, freilich in einer größten Formulierung: »Alles zugleich« ist gefordert. Mütterlichkeit sollte

---

[66] Ein geglücktes Beispiel scheint der Aufsatz des Bischofs von Mainz, Karl Lehmann, Das Bild der Frau. Versuch einer anthropologisch-theologischen Standortbestimmung, in: Korrespondenzblatt skf 3 (87), 2–17.

mehr noch als die biologische eine seelische sein, denn diese ist die Kraft des Ausgleichens, des Bindens, des Integrierens, die man richtig mit der Anima gleichgesetzt hat – beide Ausformungen sind der Frau zugehörig, wenn nicht unbedingt, dann wenigstens als Möglichkeiten. Und ebenso gehört zu ihr, unabweisbar, das ganze Phänomen des Geistigen, das nicht dasselbe ist wie das Rationale. Auch das Rationale darf einer Frau nicht (mehr) verwehrt werden. Aber darüber hinaus ist das Geistige – und Geist heißt innere Freiheit und Verantwortung – vom Fundament her in der Frau zu erkennen, mehr noch: anzuerkennen.

So sind wir heute nicht einfach zu einer Rückkehr zu den Müttern aufgefordert, aber auch nicht zu einem bloßen Vorpreschen zu der nicht-mütterlichen Frau. Vielmehr geht es um ein Gewinnen eines ganzheitlichen Menschen, der heute intensiv von der Frau mit vorbereitet, von ihr gelebt werden will. Robert Musil hat einmal angemerkt: »Die neue Frau ist eiliger ans Licht getreten als die neue Mutter.« Dies mag wahr sein aus dem Grund, weil das Muttersein einfach das »Geläufige« war. Die »neue Frau«, sollte es so etwas geben (denn hier wird wohl das Gesetz des *un*beabsichtigt Erreichten wirksam sein), wird sich aber nicht durch Abgrenzen gegen das Geläufige auszeichnen. Ganzheit meint Einbeziehen. Die wechselseitige Durchsichtigkeit aller fraulichen Anlagen verhindert gerade Einseitigkeit, auch einseitige Aggression. Alle Strukturen bleiben dabei bestehen, wirken aber gleichzeitig, sind aufeinander offen. Gerade ihre Offenheit läßt die in ihnen liegenden, zur Verselbständigung neigenden Strebungen »gerichtet« oder recht werden. Alle Kräfte wollen gelebt sein, in der Zuversicht, daß sie damit nicht verschwimmen, sondern in höchster Differenzierung einer Mitte dienen. Diese Mitte ist freilich eine zugelassene und nicht eine gemachte. Eben deshalb: Die Frau ist gefordert, dieses Zulassen vorzubereiten, diese Transparenz einzuleiten. Um dieser Mitte einen Namen zu geben: Sie ist das Menschliche.

III. Was hält die Frauen in der Kirche?
Vier mögliche Antworten

»Ich *bleibe* nicht in der Kirche. Ich *bin* in der Kirche, und sie ist in mir. Ich bin ein Teil von ihr, der von ihrem Blut und Atem lebt. Ich bin ihr in der Taufe bewußtlos eingepropft worden, und ich habe dieses Ereignis später im eigenen Entschluß und mit vollem Einverständnis mit dieser glücklichsten aller Fügungen meines Lebens nachvollzogen.«[1]

Dieser herausfordernde Satz stammt von Ida Friederike Görres (1901–1971), der »nichtstudierten«, charismatisch-streitbaren Laientheologin. Oder eine Stimme der letzten Jahre, Tatjana Goritschewa, die 1980 in den Westen abgeschobene Ex-Dozentin für Marxismus – Leninismus aus Leningrad, über ihre Erfahrung: »Kirche ist heute die einzige Stelle bei uns, wo Schönheit, Wahrheit und geistige Energie gefunden werden können in einer trostlosen Wüste der Lüge.«[2] Und mit diesen ebenso kämpferischen wie leidenschaftlich ergebenen Gedanken soll die jetzige Überlegung einsetzen.

Um so mehr, als zu dieser Hingabe durchaus die Erfahrung gehört, wie kalt und nichtssagend Kirche für viele ist. Um Ida Görres nicht dem Vorwurf der Blauäugigkeit auszusetzen, noch ein anderes Wort aus ihrem letzten Lebensjahr: »Es gibt das ›Erwachen der Kirche in den Seelen‹. Es gibt auch das Sterben der Kirche in den Seelen. Wir erleben es rund um uns, mitten unter uns, selten als plötzlichen Zusammenbruch unter dem Blitzschlag einer Katastrophe (– enthüllt, wo solches geschieht, sich nicht die Tatsache, daß die Grundmauern schon lange unterhöhlt waren? –), sondern das langsame, schleichende, unmerkliche Sterben an Erkältung und Verarmung, an geistiger Unterernährung und Verhärtung. Das schleppt sich so hin, bis die Kirche ihnen nur mehr als ein Äußerli-

---

[1] Ida Friederike Görres, Warum bleibe ich in der Kirche?, in: Görres, Aufbruch, aber keine Auflösung, Freiburg 1971, 127.
[2] Tatjana Goritschewa, Von Gott zu reden ist gefährlich, Freiburg 1984.

ches und Fremdes drückend, fordernd, herausfordernd gegenüber steht, nur Organisation, Zwang, Machtgebilde – auch dort, und das ist wichtig, wo sich noch kein Zweifel an ihrer Lehre erhoben hat. (...) Und das Sterben der Kirche in den Seelen zieht oft genug die Heimatlosigkeit oder gar das Sterben der Religion in ihnen nach sich. Und in wievielen Geistern kommt es weder zum Erwachen noch zum Absterben, sondern ›Kirche‹ ist und bleibt das unverstandene, durch die Taufe ›zufällig‹ auferlegte Joch, das aus Gewohnheit weitergeschleppt oder eines Tages ›verloren‹ wird, ohne jemals innerlich bejaht zu werden.«[3] Ist diese zweite Erfahrung nicht wirklicher und wirksamer? Ist sie nicht auch in vielen, die sich der Kirche zugehörig wissen, zeitweilig als Empfinden anzutreffen? Und dennoch sei hier eine These darüber gewagt, was gerade Frauen bis heute und noch heute in der Kirche halten mag – eine wichtige Erinnerung, damit das Reden von »Frau und Kirche« nicht bloß lamentierend und damit unfruchtbar gerät. Und diese Erinnerung hat von Grund auf mit dem »Weiblichen«, d. h. mit der Symbolebene der Kirche zu tun.

Kirche ist ein Ganzes, ein Kosmos geschichtlicher Herkunft; in ihr ist Uraltes gegenwärtig, ursprünglich – zuerst Elemente der alten Religionen, von denen schon Henry Kardinal Newman sagte, »aus den Quellen der Heiden könne die Kirche Milch schöpfen« (in Anwendung eines Verses aus dem Alten Testament). Dann ohne Zweifel auch Bausteine der Synagoge, die zu erinnern gerade heute von besonderem Sinn ist. Nur vor dem Hintergrund solcher Herkunft läßt sich auch das Neue, die umgestaltende Kraft der Kirche klar und nicht einfach bloß utopisch beschreiben. Kirche ist ältestes Potential, Sammlung auch anderer religiöser Schatzkammern, Blutkreislauf der Geschichte, aus dem man nicht einfach austreten kann. Und wer sich um die Zukunft der Frau in der Kirche sorgt, hat in die vielen versunkenen, aber wirksamen Ebenen dieser langen Erfahrung einzutreten.

---

[3] Ida Friederike Görres, Die Ruhe der Ungestörten – nicht das Maß der Dinge, in: Görres, Aufbruch, aber keine Auflösung, 52 f.

1. Wenn wir die Überlieferung der Geistesgeschichte prüfen (im vorangehenden Kapitel sind dazu wesentliche Bestimmungen getroffen), so nimmt auch Kirche teil an dem »Grundwasser« des religiösen Bewußtseins der ersten Frühe. Man könnte die Kirche vergleichen mit einem Haus, das in verschiedene Stockwerke unterteilt ist und mit seinem »Keller« ausdrücklich in den Boden – oder eben ins Grundwasser – der Urgeschichte reicht. Hier ist jene Zeit des »magisch-mütterlichen Urbewußtseins« anzutreffen, das die Tiefenpsychologie heute das »kollektive Unbewußte« nennt. Wie schon ausgefaltet, sind hier das Empfinden eines Gruppen-Wir und der Mangel des uns vertrauten Ich-Gefühls kennzeichnend. Familie, Sippe, Clan sind, auch durch religiöse Riten, in mütterlicher Hut und Bindung; vorwiegend handelt es sich um Nachtkulturen, ausgezeichnet durch Mondfeste und Fruchtbarkeitskulte. Die mütterliche Frau ist eine (mondbezogene) »Bringerin des Lebens«, unbewußte Hüterin der Sippe, die den nicht abreißenden Kreislauf der Geburten garantiert – auch der Tod ist nicht Ende, sondern Übergang zur »anderen«, geheimnisvoll gegenwärtigen Seite, oder: er wird überwunden in der Wiedergeburt mit der nächsten Generation. Die Mutter stellt den unbedingt mächtigen und bindenden Bereich vor, das Angstvertreibende in der Urwelt der Angst, das Heimliche in der Welt des Unheimlichen.

Für die Kirche (wie für die Synagoge) sind Wurzeln in dieser nach Hunderttausenden von Jahren währenden Vorzeit erkennbar und überaus wichtig: So ist die Kirche grundsätzlich Mutter (die man im übrigen nie wirklich verlassen kann, selbst nicht bei einem Austritt). In ihr sind Hut und Bindung gegenwärtig; von ihren drei Hochfesten sind zwei Mond- und Nachtfeste, nämlich Weihnachten und die Osternacht, die beide eine Geburt zum Ausdruck bringen. In der Krypta der romanischen Kirchen ist die bergende Höhle als Grund der Kirche noch erhalten; sie bewahrt in ihrem mütterlichen Dunkel die Toten und Lebenden zugleich. Und nicht das Sehenkönnen ist der entscheidende religiöse Vorgang, sondern das geheimnisvolle Dabeisein beim Mysterium, das Eingewobensein in die Ganzheit der Betenden – ohne daß das eigene Gebet hier vorrangig wäre. Die Feste der Kirche schwingen ein in jahreszeitliche Riten: Erntedank (Laubhüttenfest) und die Bitt-Tage vor Himmelfahrt mit ihrem Flursegen zeigen den innigen Bezug zur Erde, zum Sichtbaren, Greifbaren, Sinnlichen; in der Liturgie geht es um Riechen, Hören, Schmecken, um die alte sapientia, die ja Geschmack heißt und nicht bloß Weisheit. (Das Sehen im ausgeleuchteten Raum ist dagegen eine weit spätere religiöse Forderung, welcher erst in den Barockkirchen und mit der Umwendung des Priesters zur Gemeinde in der Liturgie-Reform stattgegeben wird.) In der Litanei, in den dreimaligen Wiederholungen, im Rosenkranz ist die Bedeutung des Rhythmus, sein Einwirken auf das Unbewußte hörbar. Von jeher hat die Kirche die Bedeutung gerade des Unbewußten anerkannt, so in der Kindertaufe – Eintauchen und Wiedergeburt aus dem mütterlichen Wasser und dem Geist –, so in der Beichte, so in einer Fülle von Sakramentalien mit ihrer heilenden Wirkung. Nicht zuletzt kommt heilig ja auch von heilen, und gerade Frauen – Hildegard, Elisabeth, Ottilia, Walburga – treten als Heilerinnen hervor. Ursprünglich gibt es bei der Taufe, wie die deutsche Etymologie verrät, nur die Gestalt der Patin = Gotin, die als »Hebamme« bei der Wiedergeburt beider Geschlechter und im Namen Gottes, von dem sie sich ableitet, auftritt.[4] Der männliche »Gotl« erscheint dagegen erst, als die Bildlichkeit des Geburtsvorganges bereits verblaßt war.

Unleugbar ist Kirche in dieser tiefsten Aufgabe, der Geburt zu neuem Leben, mütterlich – bis in die fast »gynäkologischen« Beschreibungen des Taufvorganges hinein: »Aus dem makellosen Mutterschoße des göttlichen Brunnens steige empor ein himmlisches Volk, zu neuen Geschöpfen geboren. Und seien sie auch verschieden nach Geschlecht und Alter, zu gleicher Kindheit gebäre als Mutter sie alle die Gnade.«[5] Ihre anderen Symbole, Schiff, Arche, Haus, lassen sich ebenso fast ausschließlich in archetypisch weiblicher Ausprägung fassen. Hugo Rahner hat dazu eine kaum ausge-

---

[4] Jacob und Wilhelm Grimm, Deutsches Wörterbuch, Nachdruck der Erstausgabe, München 1984, VIII, 990: »zu beachten ist die auffallende und von der kirche nicht vorgesehene rolle des weiblichen geschlechts bei der patenschaft, vielerorts kennt man nur eine patin, die gotte (...), während der mann dann nur nebenbei die rolle eines gevatters mit übernimmt.«

[5] Weihegebet des Taufwassers in der Osternacht.

schöpfte »Lunar-Theologie« bei den Vätern nachgewiesen, also die mütterliche Bildlichkeit der Kirche, aus den Wurzeln ältester Mythen stammend, erneut ans Licht gehoben.[6]
Wenn wir die Frage wiederholen: Was hält die Frauen in der Kirche?, so lautet eine vielleicht unvermutete Antwort: die Kirche selbst, ihr mütterlicher Boden.

2. Eine zweite Schicht, über dem »Keller« gleichsam, bildet das mythische Vorbewußtsein, in dem Kirche ebenfalls beheimatet ist. Sein Kennzeichen, von dem ebenfalls bereits die Rede war, gilt als die Entsprechung von Innen und Außen, von Sinnlichem und Unsinnlichem, von Seele und Kosmos. Und für diesen Gedankengang von wesentlicher Hilfe: Es ist zutiefst eine Welt des *Symbols*. Denn am sinnlichen Außen des Symbols liest sich die innere Bedeutung ab, oder kürzer: Das Symbol ist, was es bedeutet. Ein ungeheurer Reichtum von Bildern, Farben, Geschehnissen, Lauten, Zeichen gibt beständig Hinweise auf eine andere Welt hinter und in diesem Kosmos selbst. In allem ist ein »Mehr« von Bedeutung; das Dasein schlechthin ist sich selbst Geheimnis.
Wiederum ist die Kirche zutiefst durchdrungen von der Welt des Mythischen, eingefaltet im Symbol, in den »Heiligen Zeichen«. Sie sind das Reich der Seele, worin die Welt voller Sinn und Bedeutung anziehend-geheimnishaft auftritt. Zu diesen Symbolen gehören in einem wörtlichen Sinn die Sakramente, in denen das sinnliche Zeichen mit der unsinnlichen Bedeutung eins geworden ist. »In dem Abendmahle sollen die irdischen Lippen ein göttliches Wesen verkörpert empfangen und unter der Form irdischer Nahrung einer himmlischen teilhaftig werden. (...) immer bleibt es eine heilige, große Handlung, welche sich in der Wirklichkeit an die Stelle des

---

[6] Hugo Rahner, Symbole der Kirche. Ekklesiologie der Väter, Salzburg 1964; ebd. Augustinus über die Kirche: »An jenem Tag, wo sie erhöht sein wird, um im Lichtglanz der Fleischesauferstehung mit Christus zu herrschen, wird sie sein wie die nach dem Altwerden sich erneuernde Jugend des Adlers. Dann schwebt sie zur Höhe wie einst, es vollzieht sich an ihr die Auferstehung – so wie wir es im Bilde sehen an Luna, die abnimmt und gleichsam abstirbt, um doch wieder neu geboren zu werden und zum vollen Licht zu wachsen. – Siehe, darin ist sie uns Sinnbild der Auferstehung.«

Möglichen oder Unmöglichen, an die Stelle desjenigen setzt, was der Mensch weder erlangen noch entbehren kann. (...) Er muß gewohnt seyn, die innere Religion des Herzens und die der äußeren Kirche als vollkommen eins anzusehen, als das große allgemeine Sacrament, das sich wieder in soviel andere zergliedert und diesen Theilen seine Heiligkeit, Unzerstörlichkeit und Ewigkeit mittheilt. (...) Zum Schlusse werden sodann, damit der ganze Mensch geheiligt sey, auch die Füße gesalbt und gesegnet. Sie sollen, selbst bei möglicher Genesung, einen Widerwillen empfinden, diesen irdischen, harten, undurchdringlichen Boden zu berühren. Ihnen soll eine wundersame Schnellkraft mitgetheilt werden, wodurch sie den Erdschollen, der sie bisher anzog, unter sich abstoßen. Und so ist durch einen glänzenden Cirkel gleichwürdig heiliger Handlungen, deren Schönheit von uns nur kurz angedeutet worden, Wiege und Grab, sie mögen zufällig noch so weit auseinander gerückt liegen, in einem stetigen Kreise verbunden.«[7]
Von sich aus ist diese Welt der Symbolik einer unverbildeten Psyche nicht allein lesbar, sie deutet sich vielmehr selbst. Hier setzt der ganze kirchliche Reichtum von Farben, Gebärden, Worten ein, den die Seele mühelos auf sich beziehen, woran sie sich ergänzen kann. Im Kreislauf des Kirchenjahres wiederholt sich symbolisch das Heil, das in der Geschichte wirklich wurde, immer erneut und geheimnisvoll gleichzeitig.
Wiederum lautet die Frage, was die Frauen in der Kirche halte, und die Antwort kann an dieser Stelle versuchsweise so heißen: Es hält sie die Erfahrung von der Heilung durch das Heilige – worin kein Unterschied von Mann und Frau besteht. Anders: Es hält sie die Erfahrung von der Berührbarkeit des Geheimnisses, von der Entsprechung des eigenen Lebens zur Sinnfülle des Ganzen.

3. Die bisher aufgezeigten »Stockwerke« sind heute scheinbar ferngerückt, in ihrer Macht oder Selbstverständlichkeit nicht mehr unmittelbar. Sogar das »Übersetzen« der Symbole, deren Gewalt ja in ihrem Sich-selbst-Zeigen besteht, ist heute notwendig, damit

---

[7] Johann Wolfgang von Goethe, Dichtung und Wahrheit, in: Werke, Hamburg [9]1981, Bd. IX, 289–291.

aber in gewisser Weise Ausdruck von etwas Künstlichem geworden. Heute gewohnt ist vielmehr etwas anderes: ein dritter Raum des Hauses Kirche, in dem wir uns normalerweise bewegen, jene Ebene des genauen Denkens, des scharfen Zusehens, der unwiederbringlichen Zeit, des Raumes, der Geschichte, die Welt der begrifflichen Unterscheidung, der theologischen Analyse, der Trennung von Beweisbarem und Unbeweisbarem. Und es ist unbestreitbar, daß diese Welt des Logos die Welt des Eindeutigen, des Klaren, des Lichtes war, die über das unscharfe Bild, das vieldeutige Symbol in eine andere Helle hinweghalf. Das Seelisch-Offene wird nun vom Genauen, Durchdachten, ja vom Tagesbewußtsein abgelöst, in dem Gott nicht nur im Geheimnis, sondern im Wissen sich antreffen lassen soll (und läßt!). Der geschichtliche Träger dieses Fortschreitens ist – wie gezeigt – der Vater: der Wahrer des Rechten und des Rechtes, der das Zweideutige, nur Gefühlsmäßige richtet und damit auch ausschließt. Diese kulturelle Entwicklung des Abendlandes spiegelt und verstärkt sich zweifellos im Judentum wie im Christentum. Beide verdanken diesem Väterlichen Notwendiges: die grundsätzliche Entdeckung des Einzelnen – so wie Moses gegen das Volk sich selbst setzt in jenem heiligen Zorn über die kindhafte Gruppe. Ebenso gehört dazu die Entdeckung, daß Gott anders ist als diese Welt, nicht identisch mit der Erde/Materie, vielmehr hoch über ihr, unbesitzbar. Wesentlich kommt dazu, daß Amt, Wirken in der Öffentlichkeit, Herrschaft durch Denken nunmehr Sache des Mannes ist, die Frau wird – als Trägerin der anima und Inbild der materia – gebändigt. Eine Vergeistigung, ja Bildlosigkeit des Kultus setzt ein, dem die genaue Bändigung der Triebwelt, auch der Sinne entspricht; alles Wahrnehmbare wird seiner Numinosität entkleidet, ebenso wie die Götter ihrer Sexualität, ihrer sinnlichen Mitteilungen entkleidet werden. Das Sichtbare weist nunmehr weit auf das nicht mehr Sichtbare fort. Fern von der Welt wölbt sich die Überwelt. Selbst über das Symbol hinaus, das ja als »Nahtstelle« zwischen Außen und Innen unverzichtbar bleibt, wird nun aber das Nicht-Symbolische, der Geist, dem Denken wichtig. Gewonnen ist jene entschiedene Klärung des Gottesbildes, das nicht mehr aus Licht und Finsternis ahnungsvoll gewebt ist und die von ihm

Abhängigen selbst unentschieden läßt. Unhintergehbar ist das Geistige nunmehr Maßstab des Religiösen, weil Gott sich selbst als Geist offenbart hat.

Stellen wir hier die gewohnte Frage, was die Frau in der Kirche hält, so lautet die schwieriger gewordene Antwort: daß das Ansprechen des Geistigen auch und immer die Frau anspricht. Denn mit dem Geistigen ist Gedanke und Wert der Person entdeckt, die selbst übergeschlechtlich gefaßt ist, da sie Freiheit und ungesonderte Menschlichkeit meint. Nicht ausdrücklich, aber »miteingeschlossen« ist daher auch die Frau als Person dieser Welt des Geistigen zugeordnet. Dennoch ist der Mann fast exklusiv *geschichtlicher* Träger (Erstformulierer, Theoretiker) dieses Denkens, repräsentiert es auch religiös in Amt und »Verwaltung« des Heiligen. Heute müßte zweierlei neu bedacht werden: daß Geist nicht notwendig Rationalität ist und ferner, daß Geist über das Geschlecht hinaus lösend das Menschliche freisetzt.

In dieser Kürze und Unvollständigkeit ist der Versuch unternommen, die Kirche selbst als Ausdruck und Beheimatung all dieser verschiedenen Schichten des Erlebens, Erfahrens, Denkens zu zeigen – weit reicher, als es hier erwähnt werden kann. Und dieser Reichtum in der alten Schatztruhe sollte heute neu gesichtet werden. Auch im Verhältnis zur Kirche, und vielleicht sollte man weniger trocken sagen: in der Liebe zur Kirche, sind die unterschiedlichen Gaben unterschiedlicher Jahrhunderte und Einsichten gegenwärtig zu halten. Dies um so mehr, als die heutige Erfahrung in der Tat ein Verblassen, vielleicht ein »Sterben« der Kirche in den Seelen aufweist. Tatsache ist, daß ein bestimmtes Wissen, nämlich Inhalte, Symbole, auch die Bedingungen religiöser Erfahrung – z. B. verantwortliches Handeln, die Suche nach Wahrheit usf. – heute gelehrt werden muß und kaum noch Selbstverständliches anzutreffen ist. Stellt sich dabei nicht die Frage, ob das »Lehren« des Glaubens, die Erhellung der Symbole überhaupt den Grund des Religiösen erreicht?

Hier sind Programme wichtig, ja sie scheinen sogar schon weithin entwickelt und geradezu verzweifelt als einziger Ausweg zu dienen.

Wenn sie trotz allem nicht so sehr »durchdringen«, so ist dies möglicherweise ein Signal dafür, daß noch etwas Grundsätzlicheres gewonnen werden muß. Vielleicht die Einsicht, daß die Kirche gar nicht als Systemhaus mit gewohntem eigenem Sprach- und Symbolspiel gesehen werden kann, nicht als »Gegenüber« aus der Geschichte; es ist aber schwierig zu sagen, was sie darüber hinaus heute in einem weitergehenden Begreifen ist.

Vielleicht leuchtet folgendes ein: Welcher Glaubens- (oder Nichtglaubens-)Gemeinschaft man immer angehört, das Leben hält für jeden bedeutende Freuden und reichliche Demütigungen, ja Schäden bereit. Die Verwundungen sind dieselben, bis man sich einer letzten, der tödlichen, zu stellen hat; ebenso sind die Hoch-Zeiten dieselben. Von diesem Grundbestand ausgehend wäre zu begreifen – zunächst für sich selbst –, wie sehr die Kirche für diese lebendigen Vorgänge eine Deutung, ein Standhalten hat, für das Glück wie für das Unglück, da man jenem mindestens so sehr ausweicht wie diesem. Anders: *Kirche intensiviert das Leben.* Der Gläubige unterscheidet sich vom Nichtgläubigen nicht dadurch, daß ihm das Leben erspart bleibt, sondern daß es ihm deutbar, lesbar, verstärkt kommt, weil es nämlich durch die Deutung intensiver wird. (Während der Nichtglaube auf Nivellierung setzt, auf antrainierte Gleichgültigkeit, gerade heute in unseren Breiten, wo – wie es in einem russischen Gedicht heißt – die »größte Sünde« eintritt: »wenn das Feuer gleichgültig wird«.) Zuallererst oder zuunterst ist Kirche nicht mir und den anderen von mir über sie Belehrten »gegenüber«; sie lebt in mir, ihr Wissen ersteht noch einmal neu und anders in meinen Leiden und Freuden. Oder umgekehrt läßt sich mit demselben Recht sagen: Wir innen in ihr, sie durch uns realisiert. Noch unsere Trauer, zu wenig zu glauben, geschweige denn den Glauben weitergeben zu können, ist Kirche. Vielleicht ist das einzige, das man nicht annehmen darf: daß die Kirche das Heute nicht verkraftet. Sie realisiert sich ja gerade im Heute, in der Schwierigkeit, über Religiöses »Bescheid zu wissen«, im Verstummen der Gebete, in der Leere der Symbole. Sehr wohl ist Kirche Beheimatung all dieser spröden und traurigen Schichten des Erlebens, Erfahrens, Denkens, das an Gott nicht mehr so rührt, wie es gerne möchte. Man sollte der alten Schatztruhe mehr zutrauen: All das gehört zu ihr. An ihrem leergeräumten Boden kann, meist verdeckt, ihre nie erlahmende, nie überforderte Mütterlichkeit auftauchen. Was wir neu daran wahrzunehmen haben: Sie darf nicht als Übermutter mißverstanden werden, von der Art, vor der die Tiefenpsychologie mit Recht warnt: bindend, zwingend, von dumpfer Wärme. Die Mütterlichkeit der Kirche muß – von ihr selbst aus – querstehen zu dieser psychischen Abhängigkeit.

Dann wäre sie nicht allein selbstverständliche Bergung, sondern mehr noch ein Ort der Freiheit, etwas unerhört Klares, Deutliches, in dem es nicht nur ein Wir, sondern auch ein Ich gibt. Dann geht es nicht allein um Herde, Schaf und Kind, sondern um das intensive Aushalten der Zumutungen des Lebens. Oder: Neben den Schafen würden auch die vermißten »Adler und Panther«[8] auftauchen – omnia simul, alles zugleich, würde die Mystik wieder sagen.

Ohne diesen Hintergrund läßt sich die Frage nach einer anderen, tieferen Beziehung von Frau und Kirche nur naiv stellen. Gerade vor diesen ungeheuren Kammern der Geschichte sei nun der Mut zu Neuem aufgebracht. Denn offensichtlich sind die gegenseitigen Anforderungen mit den herkömmlichen Erfahrungen allein nicht mehr zu beantworten. Ein weiteres »Stockwerk«, vielleicht auch: ein weiter nach innen liegender Raum, der Mitte des Ganzen näher, ließe sich noch öffnen.

---

[8] Um die Anspielung verständlich zu machen: »Schafsmäßig, lammäugig, krauswollig« sieht Nietzsche die Christen, ohne die »adlerhaften, pantherhaften Sehnsüchte« – wie häufig moniert er eine empfindliche Lücke (Also sprach Zarathustra, I, 332).

IV. Arbeit an einer künftigen Beziehung: Frau und Kirche

Das verwickelte Thema sei mit einer Vorbemerkung begonnen, ohne die das Kommende in seinen Koordinaten verrutscht: Je länger und eingehender man Religionswissenschaft betreibt, also *vergleichende* Studien leisten kann, und je länger man sich um Religionsphilosophie bemüht, also um *systematische* Begründung des Religiösen, desto deutlicher treten Judentum und Christentum in ihren klärenden, das Menschliche ermutigenden Einsichten hervor. Das gilt auch für das Thema Frau: Die jüdisch-christliche Denkweise hat einen bedeutenden, ja den entscheidenden Durchbruch zur Menschlichkeit, zu Personalität und Identität der Frau geleistet. Das beginnt mit der großen Ouvertüre der Genesis (1, 27) von der Gottebenbildlichkeit beider Geschlechter, von ihrem *gemeinsamen* Weltauftrag: »Wachset und mehret euch und macht euch die Erde untertan!« (nicht ergeht an Eva der Mehrungsauftrag und an Adam das Gebot zu herrschen). Es setzt sich fort über die in der Spätantike einzigartige Stelle des Paulus: »Es ist nicht Jude oder Grieche, nicht Sklave oder Freier, nicht Mann oder Frau« (Gal 3,28). Und es findet seinen letztgültigen Maßstab in der Gestalt Jesu, seiner in der Tat gleichwertigen Behandlung von Frau und Mann in der Beziehung auf das Gottesreich.[1] Es scheint, daß die urkirchliche erste Generation diese Gleichwertigkeit nach dem Tode Jesu in Tat und Gedanke verwirklichte, wenn man die berühmte Namensliste des Paulus am Ende seines Römerbriefes erwägt – ja es scheint, daß das junge Christentum in den ersten Jahrhunderten einen ungeheuren Zulauf von Frauen hatte, schon allein ausgelöst von der Tatsache, daß es die Lebensform der unabhängigen, nicht ehelich gebundenen Frau als Jungfrau oder Witwe gab, sehr im Unterschied zu den vielerlei Rechtlosigkeiten

[1] Vgl. die sorgfältige (durchaus a-modische) Arbeit von Susanne Heine, Frauen der frühen Christenheit. Zur historischen Kritik einer feministischen Theologie, Göttingen ²1987.

der spätantiken Ehe. Dieser Zulauf selbständiger Frauen führte bereits im 1. Jahrhundert nach Christus offenbar zu der schwierigen Lage, daß die jungen Gemeinden zu wenig Geburten aufwiesen, weswegen der Schreiber des ersten Timotheusbriefes die Christinnen erneut darauf verpflichtet: »Die Frau wirkt aber ihr Heil durch Kindergebären« (1 Tim 2,15).

Zu dem Signum der Eigenständigkeit und Personalität der getauften Frau gehörten längst weder mehr einfach das Muttersein noch der Triebbereich des Geschlechtes und der (magisch-unbewußten) Macht, sondern jener »eigene Name«, von dem die Apokalypse spricht und der paulinisch nicht weniger deutlich »die Freiheit der Kinder Gottes« heißt.

Diese Selbstverständlichkeit zieht sich auch durch die 2000jährige Geschichte kirchlichen Wachstums; große heilige Frauen werden verehrt, in den Klöstern gestalten sich reiche Lebensformen der selbständigen Frau – ja gerade hier zeigt das Eindringen in die Geschichte weit mehr Refugien fraulicher »Selbstverwirklichung«, als vom Blickwinkel des 19. und 20. Jahrhunderts aus möglich erscheint.

Und *zugleich* erweist das Studium der biblischen Texte wie der Geschichte eine Gegenbewegung in Theorie und in Praxis, von der in ihrer aktuellen Form hier die Rede sein soll. Statt/Trotz Ebenbürtigkeit und Gleichwertigkeit eine Unter- und Überordnung, die nicht nur – was sinnvoll wäre – Funktionen und Aufgaben verteilt, sondern damit Wert und Unwert verbindet – ein Vorgang, der redlicherweise nicht zu leugnen ist.

Aber – und hier schließt diese Vorbemerkung –: Noch das Ins-Auge-Fassen dieser Gegenentwicklung *kommt* aus der Inspiration des Christentums. Von Paulus lernt man, was Personalität heißt, vor und über aller Biologie, vor und über aller kulturhistorischen Angleichung des christlichen Entwurfes vom Menschen. Wer hätte denn in Stand gesetzt, die folgenden Differenzierungen zu leisten – wenn nicht das Christentum und die lange Reflexionsübung der Kirche selbst? Scharfblick also aus der Mitte heraus, nicht von der Peripherie.

1. Die Frauenfrage als ein besonderes Problem ist in der katholischen Kirche seit mehr als 100 Jahren virulent[2] – in den sozialkaritativen Frauenverbänden des 19. Jahrhunderts und der zugehörigen katholischen Frauenbewegung –, und doch ist sie erstmals 1963 in der Enzyklika »Pacem in terris« auf höchster Ebene als solche ausgesprochen worden. Papst Johannes XXIII. nennt darin drei besondere Merkmale der Gegenwart als Zeichen der Zeit. Neben der Arbeiterfrage und der Entwicklung der Völker zielt er auf die Tatsache, daß »die Frau sich ihrer Menschenwürde ... immer mehr bewußt wird« und teilnimmt am öffentlichen Leben. Diese Entwicklung zur vollen Gleichberechtigung der Frau stellt er jedoch nicht nur als gesellschaftlich bedeutsame Veränderung fest, sondern ausdrücklich als »Zeichen«, durch das Gott in die Zeitgeschichte wirke. Freilich ist trotz dieses Wortes die Gesamtfrage während des Konzils (1963–65) noch kaum konkret im Blick. Erst in den Jahren nach 1965 hat sie sich auf der Ebene der Betroffenen rasch, unerwartet, umfassend anthropologisch-theologisch entfaltet (und als Nebenwirkung eine Ökumene mit Christinnen aus anderen Konfessionen, ja seit 1986 auch mit Jüdinnen erbracht).[3] Vor der Grundsätzlichkeit der Argumentation haben sich zugleich die bestehenden katholischen Frauenverbände als zu schmal in Aufgabe und Fragestellung erwiesen.

2. Die Frauenfrage in ihrer aktuellen Form entzündete sich an der bewußt gewordenen Ungleichbehandlung der Geschlechter durch das Kirchen*recht* – trotz und neben aller grundsätzlichen Betonung der Gleichwertigkeit aller Getauften in den maßgeblichen theologischen und kirchlichen Dokumenten. Zweifelsohne ist diese Gegenläufigkeit biblisch abgestützt: Zum einen ist die Geschlechterdifferenz ausdrücklich zweitrangig gegenüber der Ebenbildlichkeit von

---

[2] Vgl. die wertvolle Zusammenstellung offizieller kirchlicher Äußerungen seit 1891 bei Wolfgang Beinert (Hg.), Frauenbefreiung und Kirche, Darstellung, Analyse, Dokumentation, Regensburg 1987.

[3] In Jerusalem fand vom 28. bis 31. Dezember 1986 die »Erste internationale Konferenz über Frau und Judentum« statt, auf der u. a. eine Zusammenarbeit von Jüdinnen und Christinnen zum Thema »Frau« gewünscht wurde (s. Orientierung 51, 3 (1987), 30–32).

Mann und Frau mit Gott (Gen 1,27) oder gegenüber ihrer Einheit in Christus (Gal 3,28), zum anderen kennen Altes wie Neues Testament deutliche Über- und Unterordnungsregeln (Gen 3,16: Fluch über Eva und ihre Unterwerfung unter Adam; Lev: kultische Unreinheit der Frau; 1 Kor: Kleidervorschriften, Stillhalte- und Schweigegebote für die Frau, Gehorsam gegenüber dem Mann; Eph 5 und 1 Tim 2: theologische Begründung weiblichen Gehorsams). Die Historizität dieser Regeln, besonders des 1. Korintherbriefes, ist erst in jüngster Zeit – durch die Erkenntnisse der historisch-kritischen Exegese – zur Debatte gestellt worden; dabei ergibt sich lösend die Zeitverpflichtetheit, vielleicht sogar die geschichtliche Berechtigung solcher Vorschriften, ohne daß sie deswegen aber als für alle Zeiten verbindlich gelten dürfen. Faktisch haben sich Kirchenrecht oder Usus den Tenor dieser Regeln aber bisher *un*geschichtlich zu eigen gemacht: a) in der qualitativen Unterscheidung des männlichen vom weiblichen Laien in Gemeindedienst und Liturgie, b) im Ausschluß der Frau vom geweihten Amt. Noch einmal: Jenseits dieser Rechtssatzungen wurden das Christsein der Frau und ihre Befähigung zur Heiligkeit gewöhnlich anerkannt.[4]

3. Da das Bewußtsein von der rechtlichen Minderstellung der Frau sich erst seit kurzer Zeit stark entwickelt hat[5], muß man bei der Behandlung dieses Themas gerechtermaßen darauf achten, daß es von vielen Christinnen früherer Zeiten wohl wenig empfunden wurde, ja daß es Epochen gab, in welche die heutige Frage nicht hineinproblematisiert werden darf.[6] Um also nicht Kirchenge-

---

[4] Häufig erfolgt der Einwand, das 2. Laterankonzil habe im 12. Jh. die Frage diskutiert, ob die Frau überhaupt eine Seele habe. Tatsächlich wird aber die Frage abgewiesen: sie erhebt sich aus dem arabisch-islamischen Einfluß.
[5] Vgl. Hanna-Barbara Gerl, Edith Stein und die Frau, in: rhs 3 (1987), 133–144.
[6] Ebensowenig dürfen Einzelzeugnisse, die ein solches Bewußtsein jedoch zeigen, übersehen werden, so von Teresa von Avila, Mary Ward – um die »Bekannten« zu nennen. Mittelalterliche (Kloster-)Frauen, die in mystischen und prophetischen Bildern sprechen, können im Bild eine Sprengung der zugewiesenen religiösen »Funktionen« ausdrücken, so Gertrud die Große von Helfta (1256–ca. 1302) in einer Vision Jesu, der ihr die Binde- und Lösegewalt in den Worten von Joh 20 übertrug (»Legatus divinae pietatis« / »Gesandter der göttlichen Liebe«).

schichte in Gänze »aufzuwaschen«, sei das Augenmerk auf die Gegenwart gerichtet, weil hier die wirkliche Verantwortung liegt.
Mit dem *Zweiten Vatikanischen Konzil* hat eine neue, wenn auch noch unabgeschlossene Bewußtseinsbildung eingesetzt, die das Wesentliche der christlichen Botschaft für die gegebene Stunde transparent machen will. Dabei zeichnet sich eine merkwürdige Tatsache ab: Das konkrete Nachdenken über die Frau, wie es sich heute als »Frauenfrage« zuspitzt, ist während des Konzils noch kaum im Blick. Grundsätzlich sind in den Konzilstexten die Frauen *mit*gemeint, was immer die »grundlegende Gleichheit aller Menschen«, die »gemeinsame Würde« betrifft, mit deren Hilfe »jede Form einer Diskriminierung in den gesellschaftlichen und kulturellen Grundrechten der Person« zu überwinden sei, »da sie dem Plane Gottes widerspricht« (Gaudium et spes, Nr. 29). Und: »Sache aller ist es, die je eigene und notwendige Teilnahme der Frau am kulturellen Leben anzuerkennen und zu fördern«. Auch die gleiche Zugehörigkeit aller Getauften zum Leibe Christi ist unbestritten klar, ja die Mitarbeit am Apostolat wird deutlicher ausgeweitet in eine unmittelbare Mitarbeit mit der Hierarchie, »nach Art jener Männer und Frauen, die den Apostel Paulus ... unterstützten und sich sehr im Herrn mühten« (Lumen gentium IV, 33). Ebenso wurde die alte Aussage erneuert, jede Getaufte habe in derselben Weise Anteil an Christus als dem allgemeinen Lehrer, Hirten, Priester und sei daher auch zum Prophetenamt gerufen. Auch die Pflicht zur Heiligung, unabhängig von Klasse, Rolle, Geschlecht, wurde im Konzil kühn und lange diskutiert, ja das Wort vom »Stand der Vollkommenheit« in seiner Ausschließlichkeit für Priester und Ordensleute als »gnostisch« abgelehnt[7], weil eben alle Christen zur Vollkommenheit verpflichtet seien.
Dennoch zeigt sich in der ebenso spannenden wie kaum bekannten Dokumentation der *Diskussionen*, die ja weit mehr die lebendige, geistig dramatische Denkentwicklung zeigen als die (notwendig glättenden) Ergebnispapiere, daß das Stichwort »Frau« im Register bei nicht mehr als sieben Rednern verzeichnet ist. Es existierte also

---

[7] Durch Bischof Hermann Volk/Mainz; s. Josef Gülden u. a. (Hg.), Vaticanum Secundum, Leipzig 1965, II.

als eigengewichtige Frage nur am Rande, und es klang bereits recht weitgehend, als Bischof Isidor Emanuel von Speyer vorschlug, neben den »symbolischen« Hörern auch Hörerinnen in der Aula zuzulassen, da Paulus in 1 Kor 14 »den Frauen das Reden, aber nicht das Hören verwehrt«[8]. Gleichwohl waren Frauen – »welche, wenn ich nicht irre«, so Kardinal Suenens, »die Hälfte der Menschheit ausmachen«[9] – in der ersten Konzilsperiode nicht an den Sitzungen beteiligt, konnten nur an der Feier der Messe teilnehmen; erst später gab es 23 Hörerinnen. Néophyte Edelby, Erzbischof von Edessa, meinte aus seiner ostkirchlich-unierten Sicht, es sei »schwer verständlich, daß das Konzil noch nicht zu einer vollen Anerkennung der Frau und ihrer besonderen Gnadengaben in seinen Aussagen kommen will«[10]. Ähnlich der Bischof von Akka, Georges Hakkim: »Es ist ein schweres Versäumnis, daß die Rolle der Frau im Schema fast völlig übersehen wird... Da sie in der vordersten Linie steht und auch ihre Eigenwürde bedroht ist, bedarf sie einer kraftvollen Ermutigung und verdient eine ausdrückliche Anerkennung, die ihrer Stellung im Gottesvolk entspricht.«[11] Der zeitweilige Vorstoß während des Konzils, vor allem durch Kardinal Jean Daniélou, das Diakoninnenamt und die zugehörige Weihe wieder einzuführen, fand keine Gegenliebe (obwohl eine solche Festlegung noch keine Vorentscheidung über andere kirchliche Ämter der Frau bedeutet hätte).
Grundsätzlich, biblisch-geistvolle Ermutigungen also auf der einen Seite, die *alle* Getauften berühren, tatsächlich aber in den Schlußtexten wie in praxi keine besonderen Neuregelungen.

4. In diesem eröffneten Horizont entwickelte sich ein bisher ungekanntes organisches Mitwirken der Frau in der Kirche, über ihre herkömmlichen Aufgaben als Ordensfrau oder Mutter und »Glaubensbotin« für die nächste Generation hinaus. Auf gemeindlicher Ebene traten Frauen in kleinen, aber atmosphärisch wichtigen

---

[8] Ebd., 425.
[9] Ebd., 380.
[10] Ebd., 180.
[11] Ebd., 306.

Schritten in die Seelsorge und Liturgie ein: Kommunionspenden, Ministrantendienst, Lektorenamt, Predigt, Pastoralassistenz, Übernahme von Kommunion- und Firmgruppen, Katechese, Pfarrgemeinderat. Ja es gab in Deutschland, Holland und den USA die ersten Frauen auf theologischen Lehrstühlen; überhaupt entwikkelte sich das Theologiestudium zu einem deutlichen Favoriten von Studentinnen.

Papst Paul VI., der in seinem Erscheinungsbild eher spröde wirkte, muß in diesem Zusammenhang als unerwartet aufgeschlossen hervorgehoben werden. Nicht nur ernannte er 1970 erstmals in der Geschichte der Kirche zwei Frauen zu Kirchenlehrerinnen: Katharina von Siena und Teresa von Avila (und es ist zu vermuten, daß er noch mehr »in pectore« trug). Weiterhin berief er eine eigene Kommission »Zum Studium der Stellung der Frau in Gesellschaft und Kirche« (die sich nur nicht mit der Frage des Frauenpriestertums befassen durfte). 1976 legte diese Kommission eine Reihe von Empfehlungen vor, darunter jene, sachkundige Frauen an verantwortlichen Stellen auch bei den Leitungsgremien des Heiligen Stuhles einzusetzen, und außerdem bei der anstehenden Revision des Codex Iuris Canonici verschiedene überholte Bestimmungen zu streichen. Beides wurde, wenigstens teilweise, verwirklicht; insbesondere berief Paul VI. einige Frauen in die vatikanischen Kongregationen sowie eine Richterin an die Sacra Romana Rota, das Gericht für die Ehe-Annullierung.

Rühmlich hervorzuheben ist ferner ein mutiges, in vieler Hinsicht einzigartiges Schreiben der deutschen Bischöfe vom 21. September 1981 »Zu Fragen der Stellung der Frau in Kirche und Gesellschaft«: »Heute sind Frauen aktiv beteiligt in Verkündigung, Liturgie, in sozial-karitativen Aufgaben und Katechese. Sie arbeiten engagiert und partnerschaftlich in allen Bereichen kirchlichen Dienstes mit. (...) Im letzten geht es darum, daß sich die Kirche (...) immer mehr zu dem einen Volk Gottes entfaltet, in dem Männer und Frauen, jeder einzelne und alle zusammen je auf ihre Weise teilhaben am Prophetenamt, am Priesteramt und Hirtenamt Jesu Christi. (...) Wir Bischöfe möchten mit diesem pastoralen Wort die Frauen ermutigen und bestärken, ihre Verantwortung genauso wie in der

Familie, auch im öffentlichen Leben, in Staat, Gesellschaft und Kirche wahrzunehmen und den ihnen heute möglichen Beitrag zu leisten.« Das Schreiben mündet in die Formulierung: »Wir Bischöfe haben (...) ein umfassendes Votum (nach Rom) mit dem Ziel gerichtet, in Zukunft die Frauen zu allen Diensten des gemeinsamen Priestertums aller Getauften gleichberechtigt zuzulassen.«[12]

5. Neben dieser Entwicklung muß allerdings eine Gegenbewegung verzeichnet werden. An diesem Widerstand geschieht einerseits eine Stauung, andererseits aber hoffentlich eine Kräftigung der künftigen Argumente – im vorgreifenden Vertrauen auf das Gesamt kirchlicher Weisheit gesagt.
Der wohl deutlichste Widerstand von kirchlicher (weniger theologischer) Seite ist bekanntlich die Nichterlaubnis zur Teilhabe der Frau am *besonderen* Priestertum. Die »Erklärung der römischen Kongregation für die Glaubenslehre zur Frage der Zulassung der Frauen zum Priesteramt« vom 15. Oktober 1976 (Tag der Teresa von Avila!) stellt fest: »Die Kirche hält sich aus Treue zum Vorbild ihres Herrn nicht für dazu berechtigt, die Frauen zur Priesterweihe zuzulassen«. Selbstverständlich ist diese Entscheidung nicht dogmatisch und deshalb nicht unwiderruflich. Die Erklärung vermeidet es offensichtlich, von einer *Glaubens*wahrheit zu sprechen, sondern argumentiert aus der Überlieferung, also einem geschichtlichen Hinweis auf 2000 Jahre Übung im Konsens.
Die Frage des Konsenses ist in der Tat schwerwiegend und nicht zu unterschätzen. Nicht könnte eine Minderheit einer unwilligen Mehrheit hier neue Regelungen aufpressen. Vielmehr könnte eine Änderung nur aus der Mitte der Kirche kommen, getragen von ihren besten Kräften, und sie müßte nicht nur theologisch, sondern auch spirituell erarbeitet sein.[13] Ebenso muß ein neuer Kon-

---

[12] Bischöfliche Pressestelle Bonn 1981, 6f. und 19.
[13] Vgl. die nüchterne und zutreffende Einschätzung Edith Steins, Beruf des Mannes und der Frau nach Natur- und Gnadenordnung (in: E. Stein, Werke V, Louvain/Freiburg 1959, 42f.): »Dogmatisch scheint mir nichts im Wege zu stehen, was es der Kirche verbieten könnte, eine solche bislang unerhörte Neuerung durchzuführen.« – Dies entspricht auch dem heutigen dogmatischen Standpunkt; s.

sens in Hinblick auf die Ökumene bedacht werden (die Orthodoxie lehnt bekanntlich das Frauenpriestertum ab, die protestantischen Kirchen haben jedoch längst ordinierte Frauen: Was geschieht mit ihnen, wenn tatsächlich die Kirchenspaltung überwunden würde? Wäre es nicht wie bisher üblich, sie in Amt und Würde zu belassen?).

Noch ein anderer ungelöster, aber weit weniger problematischer Punkt ist anzuführen. Das erwähnte Dokument von 1976, das übrigens den Satz enthält, daß »nämlich Jesus mit den Vorurteilen seiner Zeit gebrochen hat, indem er den konkreten Formen der Diskriminierung der Frauen entschlossen entgegengetreten ist«, klammert die Frage des *Diakonats* der Frau aus.

Die Diakonin, als Bild des Hl. Geistes verehrt, nahm zwar nicht die Feier der Eucharistie und das Lehren wahr, aber Taufe, Kommunionspendung, Krankensalbung und allgemeine Seelsorge. Noch beim Konzil von Chalkedon (451) bildeten Witwe und Diakonin einen kirchlichen Stand. Im Kanon 19 des Nicänums wird die Weihe der Diakoninnen ausdrücklich erwähnt; sie verschwand erst vom 13. Jahrhundert an.[14]

Die päpstliche Erklärung »Ad pascendum« vom 15. 8. 1972 regelte das sakramentale Diakonat in der Kirche neu; dabei wurden diese Dienste den Männern vorbehalten. Die Gemeinsame Synode der Bistümer in der Bundesrepublik Deutschland hat die Zulassung von Frauen zum Diakonat eingehend erörtert (Beschluß: »Die pastoralen Dienste in der Gemeinde« 4.2) und empfohlen, an die in Teilen der alten Kirche geübte Praxis der Weihe von Diakoninnen wieder anzuknüpfen; ein entsprechendes Votum wurde nach Rom geschickt. Hier liegt neben der pastoralen eine geschichtliche Argumentation vor, so daß die Entscheidung darüber tatsächlich ein Zeichen für die Glaubwürdigkeit der Kirche wäre. Denn hier ist der Traditionsbefund groß, bis heute aber – obwohl damit keine Vor-

---

Wolfgang Beinert, Die Frau in der Kirche, in: Zur Debatte, Januar/Februar 1986, 16.

[14] Adolf Kalsbach, Die altkirchliche Einrichtung der Diakonissen bis zu ihrem Erlöschen, Freiburg 1926; Aimé-Georges Martimort, Les Diaconisses, Rom 1982. Mittlerweile wird bestritten, daß es sich um eine sakramentale Weihe gehandelt habe – dies kann hier nicht diskutiert werden.

entscheidung wegen der Frauenordination gefallen wäre – steht eine Wiedererneuerung dieser Überlieferung aus.
Im Gegenteil: In dem Motus proprius »Ministeria quaedam«, ebenfalls vom 15. 8. 1972, das Akolythen (Ministranten) und Lektoren einsetzte, wird die Frau vom Kommunionspenden und Vorlesen ausgeschlossen, sofern diese Dienste im Altarraum zu verrichten sind. Die leidige Ministrantinnenfrage beruht letzten Endes auf dieser Regelung, obwohl sie genau genommen darin gar nicht enthalten wäre: Akolythen sind bereits eine Weihestufe, die den eingesetzten Ministranten ohnehin nicht mehr verliehen wird.[15] Als die deutsche Bischofskonferenz schon 1967 in Rom angefragt hatte, ob Laien zur Kommunionspendung zuzulassen wären, kam zunächst eine Genehmigung nur für Männer. Bei einer Nachfrage hieß es dann, daß »geeignete Personen (Männer und Frauen)« damit betraut werden könnten.[16]
Die unter Paul VI. in die Leitungsgremien des Hl. Stuhles eingedrungenen Frauen sind mit einer Ausnahme – der erwähnten Richterin an der »Sacra Rota« – wieder verschwunden. Das amtliche oder stillschweigende Zurücknehmen organisch gewachsener Laienaufgaben, von Männern wie von Frauen wahrgenommen, zeigt sich augenblicklich in dem Verbot der Laienpredigt innerhalb der Eucharistiefeier, das ab Frühjahr 1988 wirksam wurde. Freilich muß man zugeben, daß gerade die deutschen Bischöfe die *Erlaubnis* zur Laienpredigt in allen sonstigen Fällen mit Dringlichkeit durchgesetzt haben.

6. Der beständigen gesamtkirchlichen Gewissenserforschung bleibt das Nachdenken aufgegeben, ob die geistes- und kulturgeschichtlich bedingte Priorität des Mannes vor der Frau auch im Raum der Kirche endgültig überwunden ist – wie sie es nach den grundsätzlichen Glaubensaussagen sein sollte. Sind nicht immer noch unterschiedliche Aufgaben und Vorgaben mit unterschiedlichen Wer-

---

[15] Zur »Ministrantinnenfrage« s. den fundierten Aufsatz von Ludger Müller, Gilt das Verbot der Meßdienerinnen noch?, in: Archiv für katholisches Kirchenrecht 155 (1986), 126–137.
[16] Hanna-Renate Laurien, in: Zur Debatte 11,1, (1981).

tungen verbunden, bleibt die Mahnung des Paulus nicht noch in Kraft, den »alten Menschen« auszuziehen und den »neuen Menschen« anzuziehen?
Offensichtlich bedarf es einer noch lange andauernden reflexiven wie spirituellen Anstrengung von »unten« wie von »oben« (am besten: von »innen«), um den Kern der Konzilsaussagen fern aller Aggressivität oder Verschüchterung zu bewahrheiten. Deutlich ist, daß mit dem sich wandelnden Verständnis der Frau eine ebenso tiefe Wandlung des Verständnisses des Mannes einhergeht und daß in diesem Doppelvorgang eine der größten Schwierigkeiten liegt – nicht nur psychologischer Art, sondern wirklich geistesgeschichtlicher Art. Das dafür notwendige Bewußtsein ist noch nicht ausgebildet (genug) – es organisch zu schaffen ist eine Leistung von Generationen. Nicht zu vergessen ist, daß eine solche Gesamtumstellung zu Beginn in der Regel destruktive Merkmale trägt (der Übergang vom Mittelalter zur Neuzeit wies solche Zerstörungen auf!). Trotzdem: das wachsende Neue wird sich gerade daran in seiner Qualität erweisen, wenn vor ihm das Alte nicht einfachhin falsch oder schlecht war, sondern »aufgehoben«.
In der Tat pilgert das Gottesvolk weiter. Die im Oktober 1987 versammelte Bischofssynode über die Laien hat zwar nicht in dem (kurzen und glättenden) Schlußdokument vom 29. 10. 87, aber in den Diskussionen Deutliches, ja Herausforderndes gesagt. Erstmals nahmen 28 Frauen selbst nicht nur zuhörend, sondern sprechend teil. Und eine wachsende Zahl von Bischöfen hat sich gleichfalls nicht auf die Seite der Frau, sondern auf die Seite der altneuen Wahrheit von der Gotteskindschaft *aller* Glaubenden gestellt, diesmal mit konkreten Forderungen. Erzbischof Rembert Weakland/Milwaukee sprach von mehr Zugang zu den Entscheidungs- und Verwaltungsposten der Kirche für beide Geschlechter, auch auf den Ebenen der Diözese, der Kurie und der Diplomatie. Außerdem seien Männer wie Frauen zu allen liturgischen Diensten zuzulassen, zu denen die Priesterweihe nicht Voraussetzung sei. Von einer »echten Diskriminierung« der Frauen wegen des Ausschlusses von diesen Diensten (etwa als Akolythen oder Lektoren) sprachen Weihbischof Gabriel Bullet/Lausanne sowie Bischof Ger-

hard Schwenzer/Oslo; in dieselbe Kerbe schlug das Votum der Kanadischen Bischofskonferenz.[17]
Kardinal Ratzinger gab unmittelbar nach der Bischofssynode ein Interview, in dem er die notwendige Weiterarbeit am offenen Thema »Frau und Kirche« fundamental so faßte: »Wir benötigen zuerst eine intensive Auseinandersetzung mit den Gründen, warum es zu einer so ungeheuren Entwürdigung der Frau gekommen ist (...) (Stichwort: Frau als Kaufobjekt). Andererseits muß die Frage aufgerollt werden, was in den Herausforderungen von heute an Positivem liegt. (...) Man muß über die kurzfristigen funktionalen Lösungen hinaus der Problematik auf den Grund gehen. Die anthropologische Frage sollte wieder neu gestellt werden: Was ist die Frau, was ist das ihr Gemäße, und wie kann sie wirklich den Platz erhalten, der ihr zusteht in der Kirche und in der Gesellschaft?«[18]
Ein solches Auf-den-Grund-Gehen wird gegenwärtig von dem deutschen »Bischof für Frauenfragen«, Ernst Gutting aus Speyer, unternommen. Sein bemerkenswertes Buch »Offensive gegen den Patriarchalismus«[19] wird mittlerweile – aus eigener häufiger Erfahrung sei dies bestätigt – von katholischen Frauen(gruppen) gelesen, ja studiert und mit jener inneren Erleichterung begrüßt, die ein Zeichen für eine lange vermißte Ermutigung ist.
Nicht zuletzt ein konkreter Schritt, der freilich mittlerweile seit 1988, wie es scheint, sistiert ist. Im Oktober 1987 hat die Deutsche Bischofskonferenz eine »Gesprächsgruppe« (in der Pastoralkommission unter Erzbischof Saier) eingesetzt mit der Aufgabe, einen Studientag der Bischofskonferenz über »Frauen in Kirche und Gesellschaft« mit Hilfe verschiedener Weihbischöfe und den Vertreterinnen der katholischen Frauenverbände vorzubereiten. Zum Gespräch standen folgende, durchaus nicht-utopische Wünsche an,

---

[17] Deutsche Tagespost vom 8. 10. 1987; Orientierung vom 15. 11. 1987.
[18] Interview mit Martin Lohmann, in: Rheinischer Merkur/Christ und Welt vom 13. 11. 1987, 24.
[19] Ernst Gutting, Offensive gegen den Patriarchalismus. Für eine menschlichere Welt, Freiburg 1987 (²1988), Reihe »Frauenforum«. – Vielleicht darf an einen ziemlich übersehenen, ähnlich kompetenten Beitrag erinnert werden: Placidus Jordan, Die Töchter Gottes. Zum Thema Frau und Kirche, Frankfurt 1973.

die die Suche nach der »neuen Beziehung von Frau und Kirche« sinnvoll, weil organisch aus dem jetzigen Bestand heraus weiterführen sollten:

- Eine bessere Information über die Tätigkeitsfelder von Frauen in der Kirche (Katalog der *heute möglichen* Dienste haupt-, nebenberuflich und ehrenamtlich),
- Prüfung *neuer* Arbeitsmöglichkeiten, besonders für junge Frauen (auch Teilzeitarbeitsplätze und flexible Arbeitszeiten, um Beruf und Familie sinnvoll zu verbinden); Öffnung der Zugänge zu leitenden Aufgaben in der Kirche,
- Konsequente und behutsame Schritte zur wirklichen *Gleich*behandlung von Pastoralreferentinnen/-assistentinnen; weitere Diskussion des Frauendiakonates,
- Sammlung von »gravamina« aus den katholischen Frauengremien, um die Fragen, Sorgen, Beschwerden, Unsicherheiten der heutigen Frauen in Breite bewußt zu machen, verbunden mit der Prüfung, warum die bereits bekannten »gravamina« zu wenig beachtet werden,
- Die große Anziehungskraft von Feminismus und feministischer Theologie sollte mit und für die Frauenverbände beobachtet und kritisch dargestellt werden, um eine »Unterscheidung der Geister«, nämlich von legitimen Anliegen gegenüber ideologischen Zielen zu leisten. Dazu gehört auch das erneute Fruchtbarmachen positiver Frauentradition in der Kirche (Frauenorden, Heilige, Kirchenlehrerinnen, Theologinnen, christliche Kunst, Literatur, Mystik, Volksbräuche...),
- Statt einer Institutionalisierung der feministischen Theologie könnte man eine umgreifende *theologisch begründete Anthropologie* an den katholischen Fakultäten, Akademien, Priesterseminaren, Erwachsenenbildungsstätten entwickeln, um bisherige Einseitigkeiten in der Tat ganzheitlich zu überholen. Dasselbe gilt für eine integre und ganze (Wieder-)Entdeckung des biblischen Gottesbildes.[20]

---

[20] Diese Punkte sind umformuliert und gekürzt entnommen einem Arbeitspapier von Eva Wachter, Vorsitzende des Kreises Katholischer Frauen im Heliand-Bund, vom November 1987 (nicht veröffentlicht).

Auf Dauer wird wohl auch nicht zu umgehen sein, daß von der biblischen Grundlage her nach der heute gültigen Begründung gefragt wird, ob Frauen tatsächlich von den Ämtern (und es gibt ja nicht nur das Amt eucharistischer Verwandlung) ausgeschlossen bleiben müssen.[21] Diese bis an die Wurzel gehende Frage gehört von sehr vielen Seiten her durchdacht (auch: spirituell geklärt), vom Begreifen der Personalität her, von der Realsymbolik des Leiblichen, von der Frage nach dem geschichtlichen *oder* grundsätzlichen Willen Jesu und von dem folgerichtigen Konsens der Kirche.

Diese Frage kann freilich nicht zur *Bedingung* einer neuen Zusammenarbeit werden.

Zunächst geht es um das Ernstnehmen, noch besser: das Wahr-Nehmen des *gemeinsamen* Priestertums aller Getauften. Und hier sind *redliches* Weiterdenken und Öffnen neuer Wege – nicht aus der Kirche hinaus, sondern in die Kirche hinein – gefordert. Vor allem: Ein Gespräch wird ernsthaft dann, wenn es von *zwei* Seiten geführt wird. Die Mündigkeit des Laien kann sich nicht im bloßen Gehorsam erschöpfen, die Mündigkeit der Christin nicht im bloßen Übernehmen mehr oder minder blutleer gewordener Aussagen über »das Wesen der Frau« (Kardinal Ratzinger sprach im erwähnten Interview davon, »daß die Fragestellung, wie sie bei den Frauen der westlichen Welt entfaltet ist, und das theologische Sprachspiel, wie es in der Mariologie gegeben ist, nicht einfach aufeinanderpassen«).

Freilich sind Gehorsam wie Mündigkeit nach wie vor seltene Gaben. Die wirkliche Anstrengung liegt darin, Gehorsam und Mündigkeit *aufeinander bezogen und nur miteinander wirksam* zu sehen, als zwei Formen desselben Erwachsenseins zu begreifen. Noch einmal: Alle obigen Fragen sind nicht aus irgendeinem, sondern aus christlichem Geist gestellt. Man braucht durchaus keine neue, modische Anthropologie und Theologie, sondern die ursprüngliche, biblische. Von daher sind – semper reformanda – Neubestimmungen von Mann und Frau in der Kirche zu leisten,

---

[21] Der jüngste Beitrag dazu stammt von Anton Vögtle, Frauen und kirchliche Ämter in der frühen Kirche, in: Christ in der Gegenwart 47/48/49 (1987), 389–390, 397–398, 405–406.

nicht von der Kulturgeschichte her, mag sie noch so vertraut
gewordene, bis zu einem gewissen Grad sogar sinnvoll gewesene
Gewohnheiten formulieren. Immer noch werden genügend *spezifische* Aufgaben für die Frau bleiben, an erster Stelle wohl die
leibliche und seelische Mutterschaft – vielleicht wird sie in ihrer
Unersetzlichkeit sogar deutlicher. Aber der *besonderen* Würde der
Geschlechter geht die *einheitliche* Würde des Christseins voraus.
Und dieses Erstrangige: daß in der Taufe die Geschlechts-Unterschiede verblassen, gehört heute weit entschiedener als eine Herausforderung durch den eigenen Glauben verstanden. Der Formulierung nach immer schon »gewußt«, dem Vollzug nach nur mit
Zögern geglaubt, sind die alten Sätze beim Wort zu nehmen und mit
Fleisch zu bekleiden: »Was steht ihr da, die ihr an Herkunft und
Alter, an Geschlecht und an Stand verschieden seid, aber bald eins
werden sollt? Flieget doch zur Quelle, zum süßen Schoß der immer
jungfräulichen Mutter.«[22]

---

[22] Zeno von Verona, Taufpredigt (Invitatio ad fontem IV, PL 11, 479): »Quid statis genere, aetate, sexu, conditione diversi, mox unum futuri? Fontanum semper virginis matris dulcem ad uterum convolate.«

V. Ganzwerden – eine Utopie?
Ein Blick in das Spannungsgefüge weiblicher Identität

Das Thema weiblicher Identität beginnt erst seit kurzer Zeit zum Gegenstand gesonderten Nachdenkens zu werden.[1] Die Frage ist deswegen so schwierig, weil damit die ganze Balance zwischen der Betonung der gemeinsamen Menschlichkeit von Mann und Frau und der Betonung des unterschiedlichen Selbstseins gewahrt werden muß. Und über den Unterschied gerät ja – unterschwellig oder bewußt – in der Regel eine Bewertung und erneut eine Hierarchie der Wertigkeit von Mann und Frau ins Spiel. Trotzdem kann sich die Frage nach weiblicher Identität nur in dieser Balance durchhalten; die Frage der Wertigkeit wird dabei schließlich in einem Anlauf zu einer neuen Antwort ernstgenommen.
Identität hat zunächst mit dem Wunsch und der Vorstellung von Ganzwerden oder Ganzsein zu tun; und gerade dieser Ausdruck, auch unter dem Fremdwort »Integralität«, steht hoch im Kurs (allein das Angebot an »ganzheitlichen Bildungen« verrät das Bedürfnis). In der Tat: Wer macht nicht unentwegt die Erfahrung seiner Halbheit, Unvollständigkeit, seiner schuldig-unschuldigen Gleichgewichtsübungen – und wünschte nicht stattdessen integriert, ausgeglichen, »rund und schön« zu sein? Und sollte man so etwas nicht einfach auch lernen können?
Die Human- und Sozialwissenschaften lehren hilfreich, freilich allgemein, das durchaus gefährdete Gleichgewicht des menschlichen Daseins zu sehen. Von dort her läßt sich erst einmal (tröstlich) begreifen, daß niemand von uns mit einer »runden« Identität beginnt, von der er dann beständig abfällt, sondern daß Identischwerden eine lebenslange Aufgabe inmitten unerhörter Spannungen ist. »Ich bin ganz ich selbst«: Sogar diese Aussage, sollten wir sie

---

[1] Ruth T. Barnhouse, Identity, Philadelphia 1984 (in bezug auf Frauen); Bettina Blanck, Magersucht in der Literatur. Zur Problematik weiblicher Identitätsfindung, Frankfurt 1984.

wirklich einmal treffen können, wird sich während eines Lebens noch mit recht verschiedenen Bedeutungen füllen.

Außerdem geht es noch weit schwieriger um das Ganzwerden der Frau, das sich eher an dem Schmerz über das »Nichtganzsein« ablesen läßt. Um die Diskussion zunächst von allgemeinen Gesichtspunkten her zu erhellen, sei mit den Sozialwissenschaften und der Psychologie begonnen.

Das erste Spannungsfeld, das sich hier aufbaut, besteht zwischen der sozialen oder Gruppenidentität und der persönlichen oder Ichidentität. Denn mit der Beschreibung der mannigfaltigen Rollen und Funktionen einer Person erhob sich zugleich die Frage nach ihrer einzigartigen, eben unaustauschbaren Ichidentität. Umgekehrt: Mit dieser unverwechselbaren Identität stellt sich die schwierige Frage, wie weit sich ein Rollenverhalten überhaupt lernen lasse, was es an der Ichidentität verändere, welche Schwierigkeiten der Rollenzwang aufwerfe.

Eben mit dieser Problematik scheint die weibliche Identität in der Gegenwart besonders beladen, weil hier die geschichtlichen Festlegungen deutlich aufscheinen, also die Erwartung oder Verpflichtung auf eine Rolle deutlich ausgeprägt ist: etwa im Sinne einer »Optimierung« als Hausfrau, Ehefrau, Mutter. Diese bestgelungene Rolle wird oft genug von der Frau als Maßstab des eigenen Wertes übernommen oder besser: überhaupt nicht bedacht. Viele sehnen sich nach einer »Vollkommenheit«, die in Wirklichkeit ein Totalprogramm darstellt, das gar nicht von der eigenen Mitte her aufgebaut ist. Um einen Schnitt solcher klischierter Vollkommenheiten zu erhalten, genügt es, kurzzeitig z. B. Fernseh-Bilder von der Frau zu betrachten: Immer frisch frisiert, gut gelaunt, kann sie »ihn« nicht nur mit den besten neuen Kochrezepten verwöhnen, sie verzeiht ihm auch die Seitensprünge, ist ein toller Kumpel, eine flotte Freundin ihrer Kinder oder mütterliche Wärmestube (je nachdem) und meistert das Leben überhaupt, ein paar neckische weibliche Krisen ausgenommen. Klischee, aber nicht selten Maßstab eigener Identität von Frauen, die die Meßlatte freilich niemals erreichen. Die Psychologie unterstreicht diese Überbelastung, der Frauen sich gerne unterziehen, durch die Erkenntnis, daß Ichidentität recht bestimmend von der sozialen Einstufung und Anerkennung mitgeschaffen wird. Zu dieser Einordnung gehören – und das ist zunächst durchaus beschreibend gesagt – auf jeden Fall Entwicklungsstufen im Leben, die von Institutionen mitgetragen oder von der Gruppendeutung begleitet werden. So ist es zweifellos von großem Gewicht für die biologische und seelische Reifung von Frauen, wenn sie die Überschritte vom Mädchen zur Braut, zur Frau, zur Mutter, zur Großmutter, zur Witwe von ihrer Umwelt zustimmend und mit den gewohnten Formen begleitet vollziehen können. Denn das Eintreten in solche vorgeformten, mit allem Reiz der religiösen oder heimatlichen Überlieferung begleiteten Strukturen bedeutet meist eine Aufwertung des Selbstbewußtseins. Trokkener gesagt: Die Erweiterung oder Veränderung der Ichidentität wird wesentlich mitverursacht vom sozialen Umfeld.

Ein Merkmal für solche gelungenen sozialen Änderungen ist eine mitvollzogene Änderung der Selbstdeutung. Auftreten, Kleidung, Haltung, mit einem Wort die Leibsprache, ändern sich nicht nur, sie werden auch bestimmter, je mehr die gewonnene Stufe auf der Leiter der Entwicklung oben liegt; Wortschatz, Durchsetzungsvermögen im Sprachlichen nehmen in derselben Weise zu. Umgekehrt gilt: Wo die äußere Erscheinung unorganisch/unbeholfen, wo die Sprache arm und unsicher ist, ist die Balance von sozialer und persönlicher Identität (noch) nicht gelungen. Weibliche Identität läßt sich daher, um bei zunächst äußerlichen Gesichtspunkten zu bleiben, an der leiblichen Erscheinung, an der Sprache, an einer unwägbaren, aber deutlich sich ausdrückenden Sicherheit wahrnehmen; an eben diesen Merkmalen läßt sich aber auch eine solche Identität in Maßen schulen und von außen nachhaltig beeinflussen.

Dennoch ist dieses »Ganzsein« erst von der Gruppe mitgetragen und daher noch keineswegs wirklich »ganz«. Denn die Stufenleiter der eigenen Entwicklung, welche die Überlieferung anteilnehmend, stützend, im besten Sinne formend begleitet, kann ja durchaus umgekehrt verlaufen; neben dem Aufstieg gibt es den Abstieg, der echohaft ebenso durch die Gruppe eine deutliche Antwort findet. Gerade in Krisen, selbst wenn sie nicht schuldhaft sind, sei es der Partner- oder Berufsverlust, wird die Umwelt in einem gewissen Sinne verstärkend, nämlich das Unglück verstärkend, mitwirken. Identität kann durchaus von außen, nicht unbedingt heftig, aber nachhaltig bedroht werden. So gehört zum Ganzsein eine persönliche Mitte, die möglichst wenig von den Erwartungen des eigenen Standes, der Gesellschaft usf. unabhängig bleibt, um gerade in den Zeiten des Unglücks lebens- und handlungsfähig zu bleiben. Und noch etwas höchst Erstaunliches: Nicht nur mein eigener Anspruch fragt nach Unverwechselbarkeit, auch der Anspruch der Gruppe verlangt eigenartigerweise die Unabhängigkeit von der Gruppe. Die bloße, selbst »optimale« Rollenträgerin, muß sich noch einmal auf das »eigene Gesicht«, das nicht Stereotype befragen, ja sie wird unerwartet sogar von der Gruppe danach befragt, und ihr Status wird sinken, wenn sie nur Anpassung vorweisen kann (die Psychologie beschreibt dies als die Spannung von Einzigkeit und Normalität).

So sehr also die Rollen auch stabilisieren und deswegen nicht unterschätzt oder gar außer acht gelassen werden können, so sehr meldet sich zugleich die Notwendigkeit, in den Rollen nicht aufzugehen, sogar über sie hinaus, möglicherweise gegen sie die eigene Identität zu bilden.

Was besonders die weibliche Identität betrifft, so ist gerade in den letzten Jahrzehnten das Mißtrauen gegen die zugewiesenen Rollenfelder deutlich gewachsen. In der Tat zeigt eine seitdem häufig geübte Vertauschung von Rollen, die bisher Frauen vorbehalten waren, mit neuen männlichen Berufsbildern und umgekehrt, daß bestimmte Aufgaben wohl mehr geschichtlich als wesentlich festgelegt sind. Das bringt notwendig Unsicherheit für die persönliche Identität mit sich, die sich ja aus der Spannung der einzelnen Frau zur Gemeinschaft erstellt, sofern hier in verschiedenen Gruppen und Generationen noch recht unterschiedliche Erfahrungen und Erwartungen ausgesprochen werden. In der Folge ist bis zum heutigen Tag nicht nur eine lebhafte Diskussion über das Rollenverständnis der Frau, durchaus unabgeschlossen, zu beobachten, sondern – weniger bewußt, aber nicht minder wirksam – eine Ablehnung der Frage nach dem »Wesen der Frau« zu verzeichnen. Stattdessen bemühen sich gerade weibliche Wissenschaftlerinnen

um die anstrengende Frage, ob man nicht das Selbstbewußtsein von Frauen zunächst einfach in seiner geschichtlichen Entwicklung, weniger als abstraktes Problem nachzeichnen müsse. So stellt die Erforschung der weitgehend noch unerhellten weiblichen Identität heute eine Doppelaufgabe vor; zum einen geht es um die Sozialgeschichte weiblicher Funktionen, Rechte, Pflichten, möglichst mit der Unterscheidung von Wandel und eher beständigen Grundmustern, etwa im Verständnis von Mutterschaft; zum anderen um die Geistesgeschichte weiblichen Selbstverständnisses, die sich aus Mythen, Philosophie, Theologie, Literatur, den Künsten erschließen läßt.
Freilich sind beide Forschungszweige in vielfacher Berührung miteinander, nicht zuletzt durch jede einzelne Frau, die sich ja aus beiden geschichtlichen Erfahrungen aufbaut. Diese »Archäologie« weiblichen Selbstverständnisses, oder weniger abstrakt, weiblicher Selbstäußerungen, steht freilich erst am Anfang. Erschwert wird sie sicherlich dadurch, daß gerade in der Symbolik, den Mythen, den Künsten eher unterschwellige Selbstaussagen herauszuarbeiten sind, so daß sich das Bild weiblicher Identität in seinem Gang durch die Geschichte oft nur mittelbar, nicht immer in geformter Sprachlichkeit und deutlichem Reflex darstellt.

Trotzdem soll im folgenden mit einigem Mut zur Unvollständigkeit Neuland betreten werden: Welche »Bausteine« weiblicher Identität lassen sich heute verantwortlich, d. h. durchaus in ihrer geschichtlichen Bedingtheit und also nicht fixierend, erkennen? Was kann heute »Ganzheit der Frau« meinen, nachdem all die genannten Strukturen durchlaufen, vielleicht auch erlitten worden sind? Gerade in den letzten zwei Jahrhunderten, besonders seit der Romantik, wird ja zunehmend ein Schmerz über das »Nicht-Ganzsein« ausgedrückt, der freilich nicht nur auf die Frau hin gelesen werden kann. Außerdem sollte bedacht werden, daß die Leidensgeschichte der mißachteten Frau etwas in sich sehr Unterschiedliches ist, das von einigen stark, von anderen aber auch kaum empfunden wurde. Geschichtliche Redlichkeit darf auch nicht heutige Fragen einfach in die Vergangenheit hineinproblematisieren.

Offensichtlich gehört zu dem Leiden daran, nicht ganz sein zu dürfen, eine besondere Erfahrung vom »Zweck«. In einem »Leben aus zweiter Hand« wird ein Mensch, in diesem Fall die Frau, weniger von seiner eigenen Würde her betrachtet, sondern von seinem »Nutzwert«, sei es als Arbeitskraft, als erotisches Gegenüber, als »Schmuck« einer anderen Existenz. Für Frauen gilt in höherem Maße eine »Benutzung« ihrer geschlechtlichen Funktion. Ihre Leiblichkeit kann »optimiert« werden auf Sexualität in der doppelten Form, daß sie entweder zum Objekt der Lust oder zur Produktion von Nachkommen eingesetzt wird. Sofern dies nicht ganzheitlich geschieht, wird die Frau durch diese »Funktionen« aber zum Körper, oder noch einfacher: zum Uterus – wie es den enthüllenden Satz Napoleons auf seiner Brautschau gibt: »Ich werde einen Bauch heiraten« (»J'épouserai un ventre«).

Diese Einschätzung als Mittel zum Zweck, eben als Funktion, ist eine Erfahrung, von der man sich seit dem 19. Jahrhundert abzustoßen beginnt – zu jenen Ufern eines ganzheitlichen Lebens, die noch schwer zu beschreiben sind. Zu dieser Abstoßung gehören die Versuche, sich als Frau heute überhaupt seiner biologischen Vorgabe zu entziehen, sogar der Aufgabe als Mutter und als verheiratete Frau – eine Abstoßung von einer bisher erfahrenen Zweckrichtung, freilich nicht selten mit (selbst)zerstörerischen Vorzeichen. Eine »Selbständigkeit« der Frau hat eingesetzt, die auf der einen Seite ein begrüßenswertes Aufholen von Wissen, von Lebensmöglichkeiten und vor allem von Ich-Stärke bedeutet, auf der anderen Seite aber bis zur (wörtlichen) Sterilisierung und Neutralisierung vor dem Hintergrund einer noch größeren Verzweckung führen kann.[2]

---

[2] Zur Verzweckung und der entsprechenden Spezialisierung hat Gilbert K. Chesterton eine lesenswerte Glosse geschrieben: Was Unrecht ist an der Welt. Die Heimatlosigkeit der Menschen. Imperialismus: oder der Irrtum über das Wesen des Mannes. Feminismus: oder der Irrtum über das Wesen der Frau. Essays, Basel 1945. Chesterton gebraucht einen so bezaubernden wie bissigen Vergleich: es gebe eine alte universale Verwendung der Dinge und ihre moderne Vereinseitigung, so wie das universale Wesen der Frau in ihre moderne Spezialisierung verengt werde, womit sie den Mann einzuholen gezwungen ist.

In dieser Ausgangslage wird der Ruf nach Ganzheit immer lauter. Alle geschichtlich erprobten Lebensweisen sind noch einmal neu anzufragen und zu ordnen. Hilfreich sind einige neu entstandene Wissenschaften, an erster Stelle zunächst die *Psychologie,* die das Ziel des »Integralen« bisher am deutlichsten entworfen hat. Um die Aufgabe und damit auch die *Grenze* der Psychologie deutlich zu machen, ein Blick auf ihren Anfang:

Im 19. Jahrhundert entstanden zeitgleich Archäologie, Geologie, Mythologie, Okkultismus (Parapsychologie), Biologie und Psychologie. Merkwürdigerweise handelt es sich übereinstimmend um Wissenschaften, die an den Anfang zurückkehren: den Anfang des Menschen, der Erde, des Sprechens, des Magischen und des Lebens überhaupt – alles Anfänge, die selber in einem wissenschaftlich nicht aufzuhellenden Grund wurzeln. Gerade die Tiefenpsychologie erforscht das Unbewußte, die Schichten der Seele, vergleichbar den mythologischen Schichten. So meldet sich hier der Drang, den eigenen Ursprung in der Suche nach »rückwärts und unten« zu finden. Jean Paul spricht es so aus: »Wohl ist die Menschheit erwacht – ich weiß nicht, ob im Bette oder im Grabe; – aber sie liegt noch wie eine erweckte Leiche umgekehrt auf dem Angesicht und blickt in die Erde«.[3]

Diese Suche setzt ein in dem Augenblick, als im 19. Jahrhundert durch Feuerbach und Nietzsche der »Tod Gottes« verkündet wird, wo das Bild des himmlischen Vaters durch die Herrschaft der Söhne abgelöst wird, oder wo die väterliche Welt endgültig durch die männliche Welt abgelöst wird. Daß diese auf der »Rückseite« von einem verzehrenden Materialismus (Marx) begleitet wird, hält dieser vermännlichten Welt die unselige Waage. Eben diese männliche Welt bringt in ungestümer Suche die genannten Wissenschaften hervor. »*Der* Unbekannte ging verloren. Nun sucht man *das* Unbekannte: das Unbewußte.«[4] – »Das Untergründige drängt nach oben, seit das Obergründige nicht mehr auf den Menschen einwirkt.«[5]

[3] Jean Paul, Augenblick und Ewigkeit, München 1947, 67.
[4] Jean Gebser, Ursprung und Gegenwart, München 1973, II, 527.
[5] Ebd., 528.

Suchen wir nach einer tieferen Bedeutung dieses Vorgangs, so ist es
– wieder übereinstimmend in den genannten Wissenschaften – eine
Suche nach der Zeit, nach der »verlorenen Zeit«, wie der geniale
Romantitel von Marcel Proust lautet. Den Anfang zu kennen heißt,
die Zeit ins Helle, in die Erinnerung und Einsicht zu heben.
Vergangenes, Vergessenes, Unsichtbares erhält Gestalt und Zugänglichkeit, Verborgenes wird in seiner kraftvollen Wirksamkeit
bewußt. Wurzeln bestimmen uns seit jeher, jedoch dem Blick
entzogen; nun besteht der Wunsch, die Wurzeln kennenzulernen,
um sich selbst darin wiederzuerkennen. An diesen Wurzeln wird
längst vergangene Zeit als *heute* wirksam, nie gealtert, immer
bestimmend erfaßt. Dieses Erfassen kann sich leider lähmend auswirken, daß man nämlich vor dem mitgebrachten, als übermächtig
empfundenen Erbe fast als Marionette auftritt, gezogen von den
Fäden uralter Entscheidungen, beeinträchtigt durch Fehlhaltungen
der Eltern oder ganzer Geschlechterketten – insofern scheinbar
nicht verantwortlich für das eigene Leben, das mehr oder minder
gesetzmäßig »abläuft«. Am Anfang dieser Suche aber sah man – wie
immer – eine Befreiung darin, der eigenen, in uns verwobenen Zeit
ansichtig zu werden: Goethes »Urphänomen«, »Urworte«, »Urgestein«, »Urpflanze« und natürlich die »Archetypen« C. G. Jungs
sind Suche nach der ererbten Zeit, um daraus Reichtum der Zusammenhänge, also Aufhellung zu gewinnen.
Die zweite große Entdeckung der Tiefenpsychologie in der Prägung Jungs handelt von der Überwindung des Geschlechterdualismus und auch des Dualismus von Bewußtem und Unbewußtem.
Die Anima-/Animus-Lehre zeigt in der Frau wie im Mann seelische
Dynamiken auf, die beiden geschlechtlichen Anlagen entsprechen,
und zwar nicht sich bekämpfend, sondern notwendig ergänzend.
Die »Individuationslehre« weist in jedem Menschen eine Ganzheit
der Seele auf, das »Selbst«. Das Selbst ist »eine dem bewußten Ich
übergeordnete Größe. Es umfaßt nicht nur den bewußten, sondern
den unbewußten Psycheteil und ist daher sozusagen eine Persönlichkeit, die wir *auch* sind.«[6]

[6] Carl Gustav Jung, Die Beziehungen zwischen dem Ich und dem Unbewußten,
Zürich 1935, 98.

Das Selbst überwindet die seelische Zweiheit von bewußt – unbewußt; es ist Mitte der ganzen Persönlichkeit, während das Ich nur das Bewußtseinszentrum ist. Ist das Selbst »im Lot«, so heißt das auch, daß es nicht ein für allemal gewonnen, sondern immer neu zu bestimmen ist oder sich selbst bestimmt. Ganzwerden ist also nicht ein abschließbarer Vorgang, sondern eine Daueraufgabe. »Aus Vielem Eines« (Niels Bohr) ist das Motto der Integration, was aber nicht heißt, in einen embryonalen Zustand zurückzukehren, spannungsarm und monologisch zu werden, sondern Spannungen in sich auswägen, zusammenbinden, dialogisch werden zu können. Noch stärker formuliert: Je kraftvoller das Ganze wird, desto differenzierter werden seine Teile, desto polarer die Spannung. Romano Guardini hat in dem Buch »Der Gegensatz« (1925) Leben als ausgehaltene Spannung aufgewiesen.

So ist es durchaus nicht die Aufgabe, nur augenblicklich in der Gegenwart seinem Glück zu leben, sondern »alle Zeit« gegenwärtig zu halten, aber nicht gewollt, sondern gelassen. Eine Gefahr soll nicht verschwiegen werden; dieses Selbst kann zum »inneren Gott«, zur vermenschlichten und psychologisierten Form des rational abgesetzten Gottes werden (als moderne Version von Feuerbach, Gott sei nur eine nach außen gewendete Kraft in uns selber). Grundsätzlich: Gott ist noch ein anderer als unser Selbst. Augustinus sagt vorausblickend und Feuerbach bereits überholend: »Gott ist mir innerlicher als mein Innerstes.« (»Deus interior intimis meis.«)

Weiterhin meint Ganzwerden im Sinne C. G. Jungs nicht nur die geglückte Spannung der gegengeschlechtlichen »Seelenteile«, sondern ein vierfaches Vereinen: von links und rechts (anima und animus), von oben und unten (Geist und Leib). Bildhafter Ausdruck dieser Vierheit/Quaternität ist die Kreuzform. Damit wird ein wichtiger Ansatz vollzogen, der freilich psychologisch gesehen undeutlich bleibt und noch einer größeren Klärung bedarf. Denn dem vierten Element werden mehrere Möglichkeiten der Verwirklichung eingeräumt. Zum einen kann es »minderwertig« sein, was fragwürdig ist, weil damit wieder eine Einteilung in besser und schlechter anklingt, die nicht so einfach vom menschlichen Blick aus und wohl erst recht nicht nur psychologisch vollzogen werden kann (die Scheidung von Unkraut und Weizen ist sehr bedeutsam dem göttlichen »Richten« = »gerade richten« und »recht machen« vorbehalten). An anderer Stelle wird das vierte Element mit dem Weiblichen überhaupt besetzt, was in den gedanklichen Verknüpfungen heißen kann: Körper, Schöpfung, Sinnlichkeit, Erde, Materie, Stoff, Möglichkeit. Damit ist zwar grundsätzlich eine »Integration« von Geist und Leib angestrebt, zugleich aber die Frage ihrer Wertigkeit immer noch »herkömmlich« gelöst, ganz zu schweigen davon, daß »Minderwertiges« und »Weibliches« offenbar im Koordinatensystem ausgetauscht werden können.

Abgesehen von allen Mängeln dieser Theorie, die einer deutlichen Klärung in der Zukunft noch bedürfen, spricht die Psychologie für die Identität von Frau und Mann in der geforderten »Vierheit« einen wichtigen Hinweis aus. Für jeden Menschen heißt es zunächst, daß es nicht genügt, die männliche und weibliche »Seele« in einer guten Spannung in sich zu vereinen, sondern auch das Geistige und das Körperliche, ohne Selbstverachtung gerade dieses »letzten Bausteines«. Die Ablehnung des »Fleisches« ist ja ein bekanntes Element kultureller Höherentwicklung, die auf eine geheimnisvolle, aber doch nachprüfbare Weise mit der Ablehnung des Weiblichen verquickt ist.

Dieser wichtigen Verknüpfung sei hier in den Grundlinien einmal nachgegangen, weil sie zu der erforderlichen Klärung beiträgt. Geistesgeschichtlich wirkt nämlich bis heute eine schon antike Streitfrage nach, ob alles Sein grundsätzlich körperlich sei oder ob, wie es Platon behauptet, unkörperliches Sein, nämlich der Geist, das Eigentliche und Hochrangige gegenüber dem Körperlichen vorstelle. Einerseits entwickelt sich daraus der neuzeitliche *Materialismus* mit seiner Behauptung, geistige Vorgänge seien nichts als ein Produkt des Körperlichen, also selber zwar nicht »handgreifliche«, aber doch ableitbare Materie. Dieses Denken, das der Spannung von Körper und Geist zu entgehen sucht, in dem es deren schlichte Einheit behauptet, hat eine fragwürdige Folge: es degradiert den Leib zum (animalischen) Körper, der im letzten austauschbar, funktional, ja unfrei-mechanisch gesehen wird. Das erklärt auch den großen Widerstand materialistischer Theorien

gegen Psychologie und Psychosomatik, bzw. die Aufstellung einer recht widersprüchlichen materialistischen Psychologie. Viele französische und deutsche Aufklärer und in deren Zuge eine atheistisch eingefärbte Medizin betrachteten Leibvorgänge als Maschinenreaktionen und seelische Affekte als Ergebnis derselben Maschine.[7]
Auf der anderen Seite antworten mancherlei *Idealismen* auf die Spannung von Geist und Leib abschätzig: der Körper wird vom Geistigen getrennt und diesem untergeordnet. Platons orphisches Wortspiel »soma sema«, »Körper Gefängnis«, sowie die Scham des Plotin und Origines, überhaupt einen Leib zu haben, wirken ja durch die abendländische Geistesgeschichte in mannigfaltigen Umsetzungen. Diese Wirkung ist um so stärker, je mehr in der Tat eine Nichtidentität von Leib und Geist erfahren und z.B. durch die Scham beantwortet wird. Ethnologie, Kulturgeschichte und Psychologie weisen eine Fülle unterschiedlicher kultureller Überformungen von Leibvorgängen und vor allem von Triebsublimationen durch Tabu, Askese usf. auf.
Problematisch wird die Bändigung erst, wenn mit dem zu Domestizierenden einfachhin die Frau gleichgesetzt wird. Denn dem Leiblichen entspricht geistesgeschichtlich die Assoziation mit Trieb, Instinkt, Begierde, insbesondere Geschlechtlichkeit, Sinnlichkeit, »Erde« und schließlich Frau. Mit der Unterordnung des »Fleisches« ist daher in den Kulturen der Vaterherrschaft auch die Unterordnung des »Weiblichen« mitgemeint.
Heute bricht die andere Frage auf, ob und wie der Geist den Körper annehmen müsse, ohne sich dessen »Schwerkraft« ganz auszuliefern, aber auch ohne sich seiner ganz zu schämen. Hier ist die jüdisch-christliche Tradition noch einmal neu gegen die materialistische ebenso wie gegen die idealistische Antwort anzufragen. Die Theologie ist in ihrer Aussage über das Menschen- und vor allem Frauenbild durchaus überlagert worden, in der Regel (neuplatonisch) spiritualisierend. Um so mehr gilt es heute, sich der ur-

---

[7] Am schlagendsten ausgesprochen von Julien de La Mettrie, L'homme machine, 1748. Die Anfertigung maschineller Tiere und Menschen (»Automaten«) ist außerdem eine der »Spielereien« des 18. Jahrhunderts – unterschwelliger Ausdruck solcher Bemächtigungsversuche über die Materie.

sprünglichen Herausforderung des biblischen Ansatzes gegen die Entstellungen der Deutung bewußt zu werden. Denn schon die »Fleischwerdung« Gottes ist thematisch ein für die alte Religiosität schwer verdaulicher Neueinsatz; Paulus hat für die junge Gemeinde kein besseres Bild gefunden als den geheimnisvollen »Leib« (Kol 1,16; Eph 1,23). Im Alten Testament singt das Hohelied den unübertroffenen Hymnus auf die Einheit von Geist und Leib in der Liebe – so deutlich ausgesprochen, daß die jüdische wie christliche Deutung diese Erotik nur ins Mystische verlagern wollte, also in die Gottesliebe, obwohl gerade die Erfahrung der Liebe diese Verbindung von Außen und Innen, von unten und oben ohnehin leistet, ohne die wirkliche Erotik unterschlagen zu müssen. Ebenso ist die Trennung von Geist und Leib im Tode nach Paulus (Röm 6,23) durchaus nicht natürlich, sondern Folge existentieller Verfehlung, die die Trennung deutlich als Strafe empfindet. So wird die Zweideutigkeit des »Fleisches«, die erfahrbare Widerständigkeit von Leib und Geist für ungut, nicht eigentlich gemeint erklärt; im Gegenteil, nach dem Vorbild der leiblichen Auferstehung Jesu ist sie überwindbar, wie es das Glaubensbekenntnis mit der »Auferstehung des Fleisches« formuliert. »Leiblichkeit ist das Ende der Wege Gottes« – dieser Satz des schwäbischen Pietisten Oetinger im 18. Jahrhundert findet seine moderne Entsprechung in den noch wenig begriffenen (und vermutlich deshalb angefochtenen) Gedanken von Teilhard de Chardin, der geradezu visionär von der »Konsekration« der ganzen Materie im Lauf der Geschichte sprach. In diesem Sinn ist der Ostkirche die *leibliche* Verklärung immer die geheimnisvolle Mitte der »guten Botschaft« gewesen, ablesbar auch an den Wunden Jesu *nach* seiner Auferstehung, die den alten Leib eben nicht abgewiesen hat.

Heute geht es um eine »Fleischwerdung« unserer selbst, nicht im Sinne des Verfallenseins an Trieb und Instinkt, auch nicht im Sinne ihrer Abweisung, sondern im Sinne der Leibwerdung. Hier hat die philosophische Anthropologie sprachlich etwas Wertvolles verdeutlicht: Der Körper ist als Leib wiederzugewinnen. Körper wäre jene Außenseite, die dem Geist als der Innenseite »entgegensteht«; Leib wäre jedoch immer schon Konkretion von Geist, ein Ineinander leiblich-geistiger Vorgänge. Daher *haben* wir einen Körper, *sind* aber unser Leib. Es geht also nicht mehr um Gegensatz, Abstoßung, sondern um tiefste Anziehung, über allen vorletzten Widerstreit hinweg. Bei Hölderlin heißt es: »Wer das Tiefste gedacht, liebt das Lebendigste«; bei Novalis: »Einst wird alles Leib sein, ein Leib«. Das sind freilich dichterisch-eschatologische Aussagen, aber diese Vision hat ja wie alle Zukunft ihre Grundlage schon im Heute.

Die Rückgewinnung des »Leibes« in seiner ganzheitlichen Bedeutung hat wegen der genannten archetypischen Beziehung auf die Frau eine vorrangige Bedeutung. Denn gerade an der Frau drückt sich im Bio-Rhythmus der Menstruation, Schwangerschaft, Geburt, des Stillens die Leiblichkeit einzigartig aus. Während in den vergangenen Jahrhunderten die Gefahr darin bestand, von seiten des Mannes die Leiblichkeit der Frau sowohl zu »benutzen« wie zu verachten (und sie durch ihre Leibfunktionen ebenfalls zu einem »Körper« herabzusetzen, wie in dem Satz Napoleons deutlich), besteht in der gegenwärtigen Generation erstmals die Gefahr, nun von seiten der Frau den Bio-Rhythmus, damit ihren Leib regelmäßig chemisch zu neutralisieren. Freilich geht diese, wohl eher unbewußte, Verweigerung eigener Leiblichkeit vielfach auf – geschichtlich wie individuell erfahrene – Vernutzung und Übernutzung zurück, die nun von vielen Frauen mit dem »leichten« chemischen Ausweg aus der Leibabhängigkeit beantwortet wird. Gerade die »Ausschaltung« der eigenen Fruchtbarkeit wird als Befreiung erfahren. Dennoch liefern sowohl die Psychologie wie die Psychosomatik hier Bestätigungen von der Notwendigkeit eines gewissen »Leibgehorsams«, wenn nicht der Leib, der ich bin, erneut und diesmal freiwillig in neuzeitlicher Maschinen-Mechanik aufgefaßt und mißbraucht werden soll. Dieser Leibgehorsam ist freilich eine spannungsreiche Aufgabe und sicher auch nicht allein von der einzelnen Frau zu leisten, solange übersubjektive Normierungen die Annahme und Ausbildung der eigenen Leiblichkeit unbefragt behindern. Dies muß nicht nur durch das Sexualverhalten (Mißbrauch der Frau als Lustobjekt und Ware) geschehen, es kann auch durch die Mode, z. B. das Ideal knabenhafter Schlankheit, freiwillig-unfreiwillig erzwungen werden. Ebenso gehört hinzu eine Aufmerksamkeit auf die heutige Verkümmerung oder Überreizung der fünf Sinne, die in einem ganzheitlichen Leib fast schon trainiert gehören, da sie nur noch teilweise »gebraucht« werden. Phasengerecht ist auch die Triebwelt zu integrieren, darunter die Sexualität, da die Verselbständigung von Trieb in Sucht übergeht, damit in eine Unfreiheit gegenüber dem eigenen Körper. Wieder ist der Leib verfehlt, der ich bin, und der Körper entstanden, der in diesem Fall mich beherrscht. Schwer, aber um so notwendiger zu integrieren, ist die eigene und fremde Endlichkeit, die sich in Alter und Krankheit meldet und mit dem Tode einlöst. Solange man sich an das allseitige Diktat hält, immer »grün«, frisch, jung zu sein[8], ist die Identität mit dem Leib gestört. Hieran wird deutlich, daß Integration auch eine Balance mit der eigenen Unvollkommenheit, z. B. der Häßlichkeit, dem Unvermögen, den »schlechten Seiten« bedeutet. Der »ganze Mensch« wird aber diese Balancen in dem Vorgang, den man Reifung nennt, lernen müssen und dadurch seine Identität nicht verlieren, im Gegenteil gewinnen. Identität kann hier weniger eine Autonomie bedeuten als vielmehr Hellsicht für die eigenen Vorgaben und damit für die eigenen Grenzen: »Durch die Seele werden wir hellsichtig für die unbewußte Vernunft und Leidenschaft des Leibes, durch den Leib werden wir über die natürlichen Notwendigkeiten der Seele belehrt«.[9]

Noch ist nicht vorgestellt, was mit dem Ausdruck *Geist* in der aufgegebenen Ganzwerdung konturiert ist. Die häufige und folgenschwere Verwechslung mit dem Intellekt oder einfach dem Bescheidwissen ist an erster Stelle zu nennen. Mit Geist kann nicht »Abitur« gemeint sein, weil das Rationale nur einen übrigens recht untergeordneten Vollzug des Geistigen bedeutet. Gemeint ist vielmehr, in alter philosophischer und theologischer Tradition, Geist im Sinne von Freiheit, Selbstand, Personalität. Geist ist nicht etwas

---

[8] Noch einmal Rilke (6. Duineser Elegie): »Wir aber verweilen, ach, uns rühmt es zu blühn, und ins verspätete Innre unserer endlichen Frucht gehn wir verraten hinein.«
[9] Victor von Weizsäcker, Anonyma, Bern 1945, 23.

Erlerntes, sondern Grundausstattung des Menschen, sein Recht auf Eigenheit und Unverwechselbarkeit. Rationalität ist nur ein Mittel, um den Bezug dieser innersten Freiheit nach außen in der Form einer Beherrschung und Berechnung des Gegenübers auszudrücken. Nicht weniger gehört aber auch das Mittel etwa der Liebe, der intensiven Wahrnehmung, sogar das »Erleiden« der Wirklichkeit, das für Platon vor ihrem Verändern kommt, zum Geistigen. Auch diese Gaben können geschult oder vernachlässigt werden; in der Anlage sind sie aber ebenso vorauszusetzen wie die Rationalität.
Von diesen Erkenntnissen gestützt wird deutlich, was Ganzwerden von Oben und Unten bedeutet: die Durchlässigkeit für alle geistigen und leiblichen Anlagen, den Nicht-Ausschluß oder die Nicht-Verdrängung von Gaben, sondern ihre wechselseitige Durchsichtigkeit (Transparenz), wodurch die in ihnen liegenden, zur Einseitigkeit oder Verselbständigung neigenden Strebungen »gerichtet« werden. Diese Überformung beschneidet das Ungute an der jeweiligen Anlage, läßt aber ihre Kraft um so dienlicher werden für das Ganze. So mag ein Mann das »Gefühl« in sich unterdrücken, vermeintlich zugunsten der Rationalität, wird aber damit im Grunde nicht einmal der Rationalität einen Dienst erweisen; ihre Kausalketten werden zwanghaft und damit gefährlich. So mag eine Frau auf ihre Intuition pochen, ohne Argumentationen zugänglich zu sein; ihre Intuition wird dann Eigensinn, statt Impuls zum Denken. Eine höchste Sammlung aller Kräfte ist gefordert, in der Zuversicht, daß sie damit nicht verschwimmen, sondern in reifer Differenzierung einer Mitte dienen.
Eine letzte Spannung, aus der sich Ganzheit nährt, ist noch aufmerksam wahrzunehmen. Überwinden von Einseitigkeit hat nämlich zu tun mit schöpferisch werden. Schöpferisches Leben und Denken richtet sich auf das Ganze, sofern nur die genannten Quellen nicht willkürlich abgeschnitten werden. Stattdessen arbeitet etwa das computerartige Denken notwendig funktional und sektoriert, ausgrenzend und selber begrenzt. Kriterium eines ganzen Denkens ist zunächst das Umgehen mit der Zeit: mit der uralten in uns vorfindlichen Zeit, mit dem Zulassen des Kommenden, mit der Bewahrung von beidem in der Gegenwart. Zum »Zulassen« der

Zukunft gehört wesentlich das Aufgeben der von uns so geliebten Systematik der Zukunft aus eigener Kraft, und sei es auch die Zukunft der eigenen gewollten Entwicklung, jenes Reißbrett, das ich von mir selber entwerfe. Nicht sich selber machen, sondern sich ergänzen lassen, ist die Haltung des Schöpferischen. Wenn man sich selber und andere »im Griff« hat, ist die Bewegung verschwunden, welche eine erlösende »Pneumatik« oder Geistigkeit des Lebens wäre: sich selber als Gabe leben. Wir kennen heute in der Regel die Pneumatik des Schreckens, die das Geplante und Berechnete unvorhersehbar zerreißt; aber es gäbe auch eine Pneumatik der Freude, des Geschenkten nämlich, das leider kraft derselben Planung und Berechnung unmöglich wird.

Über das Verhältnis von Schöpfertum, zeitlicher Gegenwart und Ganzheit gibt es ein Gleichnis Jesu, das für die raum-zeitliche Welt im Grunde eine »unverschämte« Forderung aufstellt: das Gleichnis vom unfruchtbaren Feigenbaum. »Unverschämt«, weil allem Denkablauf und aller Kausalität der Natur entgegen, ist die Forderung, bereits *jetzt* Früchte zu tragen, obwohl es noch nicht Herbst ist. Zur Anklage kommt damit die normale Halbheit, womit wir die Zeit aufteilen in Vergangenes und Zukünftiges, auf das hin wir beständig unterwegs sind, ohne es einzuholen – immer Frucht für später versprechend, immer uns vom Alten abstoßend, aber nie »angekommen«, immer unterwegs, immer berechtigt, nicht Frucht und nicht ganz zu sein. Und wenn schon Reife, dann erst, wenn sie erarbeitet ist, wenn Pläne und Bedingungen erfüllt sind, erarbeitet mit harter Mühe, ja mit jener Entsagung, die allem Nicht-Schöpferischen eignet. Dies bringt ein Selbstvergessen in der Arbeit als jenem Götzen, der einen birgt und trägt – während das wirklich schöpferische Dasein jetzt und heute ganz ist, nicht aus eigener Anstrengung, sondern weil es sich ergänzen läßt – aus einer Quelle, die man nicht selber dirigiert.

Es gibt in der jüdisch-chassidischen Überlieferung noch ein Bild für das Zerstörerische der nicht eingelassenen Zukunft: Die israelischen Frauen mußten beim Frondienst in Ägypten, bei dieser negativen Form von Arbeit also, selbst bei der Geburt auf dem Feld bleiben und das neu geborene Kind sogleich in den Lehm mit einstampfen, um daraus Ziegel für die Häuser zu formen. Wenn ein Kind für Zukunft steht, und zwar für die nicht vorbestimmte, sondern offene und geschenkte, dann ist diese Erzählung Ausdruck für die verschlossene Zukunft, in der kraft Planung nichts Neues kommen darf. Alles Schöpferische, und damit unsere Ganzheit, wird sofort getötet, weil im Plan nicht vorgesehen.

Ein anderes Gleichnis: von den zwei Paradiesesbäumen heißt der eine auf hebräisch »ezosipri« = Baum macht Frucht, der andere »ezpri« = Baum ist Frucht. Der erste ist der gefährliche, der sein Selbstverständnis im Machen hat und im Zerteilen der Zeit (und damit der Ganzheit) in die Abschnitte »jetzt noch nicht« und »dann später, wenn«. Der zweite ist der Baum des Lebens, in dem alle Zeit Gegenwart ist, der das Ganze durchscheinen läßt, an dem deswegen beständig Frucht anzutreffen ist.

Wie läßt sich also Ganzheit erreichen? Sichtlich ist sie nicht nur aus den Beziehungen von innen nach außen, von innen nach innen (oder wie dieses Netz von Einbindungen in das Ganze sonst zu bezeichnen wäre). Es gibt noch eine andere Bestimmung, die sich merkwürdigerweise nur in Paradoxien aussagen läßt – weil sich in ihnen eben nicht Teile aussagen, sondern die durchlässige Ganzheit, die ein anderes Wort für das Schöpferische ist. Solche Paradoxien können lauten: Es gibt einen Reichtum in der Armut, ein Schweigen im Wort, die Ruhe in der Arbeit (nicht danach), den Trost in den Tränen selber (nicht daneben) – so die Gaben des Geistes in der Pfingstsequenz. In derselben erfahrbaren Weise gibt es das Schöpferisch-Sein in der Erschöpfung, das Ganze in allem Vorläufigen, den All-Tag im Tag. Philosophisch würde man es nennen: Es gibt das Unbedingte im Endlichen, seine Wahrheit erweist sich sogar nur da. Allgemeiner und verständlicher ausgedrückt: Es gibt das Ganze im schmerzhaften Annehmen der eigenen Halbheit. In dieser paradoxen Weise läßt sich etwas beschreiben, das neu eingelöst werden muß. Identität läßt sich nicht erarbeiten, vor allem nicht abschließen; fraglich ist sogar, ob sie geradewegs angezielt werden kann. Es scheint vielmehr, daß sie eine Erfahrung vor dem Hintergrund einer vielfachen Beschädigung bedeutet, ein »trotzdem«, das in allem Vorläufigen sich doch behauptet. Vielleicht könnte man formulieren, daß Identität zerstört wird, wenn man sie sucht, daß sie sich einstellt, wenn man Nicht-Identität erträgt.

Zu diesen Paradoxa gehört auch das oben genannte: daß das Geistige im Leiblichen seine Wahrheit findet, und daß Wirklichkeit nicht im Ausschließen, sondern im ungeahnten Ergänzen aller Anlagen richtig wird. »Wenn ihr nicht unten zu oben und links zu rechts und hinten zu vorne macht, so kommt ihr nicht in mein Reich«, lautet ein apokryphes Wort Jesu.[10]

Um das Wort von der Durchsichtigkeit oder Transparenz noch einmal aufzugreifen; es kommt heute nicht darauf an, auch das Unmeßbare noch zu messen, wie Galilei es gefordert hatte, sondern das Unmeßbare sein zu lassen, aber es durchsichtig zu sehen; so soll auch nicht das Dunkel hell werden, wie es der Wunsch der Neuzeit war, aber es soll als Dunkel durchsichtig werden. Alles auf die Seite Geschobene oder Um-Manipulierte, Nicht-Zugelassene und Nicht-Gelassene bedarf heute des Sein-Lassens, aber nicht in der Form des Dumpfen und Undurchschaubaren, sondern des Eingesehenen.

Nicht nur an der Frau, zeichenhaft aber an ihr, könnte sich heute das Schöpferische in diesem Sinn einlösen: Wirkenlassen in allem Wirkenkönnen, Dasein im Vertrauen auf Rechtsein, Haltung als Gehaltensein. Dies kann nicht in einem einfachen Monolog, auch nicht mit sich selbst, abgehandelt werden. Aus den gebrauchten Bildern und Reflektionen geht bereits hervor, daß Identität nur – unabsichtlich – eingeholt wird, wenn sie sich »verläßt«. Sich verlassen im Doppelsinn: sich aufgeben und vertrauen. Das ist möglich, wenn es einen Bezug gibt, der die genannten Bezüge selbst noch einmal ergänzt.

Als Bild bietet sich an die Spannung »von innen nach oben«: Die eigene Kontur zeichnet sich ab in der Spannung auf anderes, als ich selbst bin. Hier setzen werthafte und religiöse Erfahrungen ein, die bei aller Unterschiedlichkeit doch einen gemeinsam tragenden Boden aufweisen: daß Selbstgewinn mit Selbstüberstieg zu tun hat.

---

[10] Benedikt Godeschalk, Die versprengten Worte Jesu, München 1922, 43.

Auch das Wort vom Selbstverlust kann hier eintreten: vorausgesetzt, daß »Verlust« nicht nur als Untergang, Sich-Abhandenkommen erfahren wird, sondern als ein Verlassen auf ein Vertrauenswürdiges hin. Vielleicht hilft hier das Bild der Brücke für diese Identität: Sie besteht nicht aus zwei Pfeilern und der Wölbung dazwischen, die Brücke ist vielmehr das Ganze all dieser Teile. Anders: Der zweite Brückenpfeiler wird nicht auch noch hinzugefügt und kann ebenso weggelassen werden. Zum Menschen (dem einen Pfeiler) gehört die Spannung auf ein anderes, als er selbst ist. Weibliche Identität kann im Ausgreifen auf diesen »Anderen« wohl ihrerseits die eigentliche Stärkung erfahren; auch hier ist ein Zulassen von Zu-Kunft notwendig.

VI. »Stern über dem Meer«
Marias symbolische und biblische Gestalt

»Die eigentliche Schwierigkeit aller Marienverehrung liegt in der Tatsache, daß wir zugleich so viel und so wenig von ihr wissen.«[1] Ida F. Görres, die große und zu Unrecht ins vorläufige Vergessen versunkene Theologin, trifft mit der vorangestellten Beobachtung in die Mitte einer bedeutenden Schwierigkeit. Maria erscheint als eine biblische Gestalt und als eine davon unterschiedene symbolische Gestalt, und das heißt paradoxerweise: wir können über sie gleichermaßen wenig und viel zum Ausdruck bringen. Wenig, weil die Aussagen der Heiligen Schrift über sie zwar großartig, aber zugleich sparsam sind; viel, weil ihre Verehrung und Rühmung seit der frühen Kirche immer neue Züge enthüllt, sich immer anderer Symbole, alter und neuer bedient. Dieser unterschiedliche Befund – biblische Knappheit und Reichtum der Symbolik – setzt sich als Unterschied in den christlichen Bekenntnissen fort, ja entspricht zutiefst ihrem Selbstverständnis: die einen hielten sich nur an die Bibel, die »Historie«, bleiben karg und zurückhaltend in ihrer Ausdeutung Marias, blieben die »evangelischen« Christen. Die anderen entfalteten eine reiche, aus jüdischen und vorchristlichen Wurzeln sich nährende Symbolik, entwickelten eine starke innere Beziehung zu Maria, die sich in Bild, Gebet und Hymnen zeigte – die »orthodoxen« (rechtgläubigen) und die »katholischen« (aufs Ganze bezogenen) Christen.

Die Frage aber lautet: müssen sich biblische und symbolische Gestalt Mariens ausschließen, stehen sie gar in Konkurrenz zueinander? Anders gefragt: schließen sich die Wahrheit der Geschichte und die Wahrheit des Symbols aus – sind es zwei Ebenen, die einfach nicht sinnvoll miteinander in Beziehung treten können, weil die eine Ebene die andere verunklart? Oder noch eingehender: Wie stehen geschichtliche Wahrheit und Mythos zueinander (denn das

---

[1] Ida Friederike Görres, Kirche auf dem Wege – auch durch das Jahr. Zeitlose Betrachtungen, Freiburg 1972, 143.

Symbol gehört der mythischen Erfahrung an, wovon gleich gesprochen wird)? Hat sich nicht die Kirche seit ihren Anfängen, ja bereits das Alte Testament bemüht, die alten Mythen als heidnisch hinter sich zu lassen, stattdessen die einmalige Offenbarung in der Geschichte zu verkünden, gegen die mythischen Heilsbringer? Parsifal ist nicht Christus, Maria nicht die große Mutter Hathor oder Demeter, erst recht nicht Venus/Aphrodite oder gar die menschenverschlingende Kali. Nein, das Wort ist Fleisch geworden, »sarx egeneto«, unter einem angebbaren Datum, in einem Nest namens Nazareth, durch eine jüdische Mutter, war dem Blute nach ein Jude, starb nach 33 Jahren durch eine Hinrichtung – ein geschichtlicher Lebenslauf, gegen dessen Eindeutigkeit alle Mythen ins Unbestimmt-Allgemeine zurücktreten.

Hat nicht Karl Barth, und ihm folgend Romano Guardini, gerade die Einzigkeit Jesu Christi und damit die Einzigkeit des Glaubens gegen die Religion herausgearbeitet? Ist nicht Religion das heidnische, symbolbeladene, magisch und mythisch befrachtete Empfinden, demgegenüber sich die Geistigkeit des Glaubens befreiend durchsetzen muß? Nehmen wir diese Fragen ernst, denn sie zeigen ein wesentliches theologisches Anliegen, dessen Richtigkeit durch eine lange Überlieferung bezeugt wird. Man muß in jedem Fall diese tiefe, befreiende Überlieferung einbeziehen, die vom Bilderverbot des Alten Testaments bis zur »Anbetung Gottes im Geist und in der Wahrheit« reicht. Dieses Wesentliche darf nicht aufgegeben, ja es muß umgekehrt in seinem ganzen Anspruch bewahrt, und das heißt bewahrheitet werden. Und trotzdem, gehört zur ganzen Wahrheit doch noch etwas anderes, wie die unbeleuchtete Seite des Mondes? Augustinus, der allen Bekenntnissen gemeinsame Kirchenvater hat es so formuliert: »Die Wirklichkeit, die jetzt christliche Religion genannt wird, gab es schon bei den Alten, und sie fehlte nicht von Anbeginn des Menschengeschlechts, bis Christus im Fleische erschien, von wann ab die wahre Religion, die schon da war, begann, die christliche zu heißen.«[2] Tertullian faßte diese Einsicht in die großartige Formel von der »anima

---

[2] Augustinus, De doctrina christiana.

naturaliter christiana«, von der Seele, die von Natur aus schon christlich ist.
Hat das Christliche also »Wurzeln« und nicht nur Kontrapunkte im Alten, hat es auch »Religion«, und in welchem »gerichteten« Sinn? Reinhold Schneider wendet den augustinischen Gedanken auch und besonders auf Maria an: »Ihr haben die Völker uralte Sehnsucht zugetragen: denn sie ist die Erscheinung, die die von den alten Völkern geschauten, in den Urtiefen ihrer Seelen aufscheinenden Bilder ablöst, aufhebt. Wir können wahrlich das Christentum nicht zurückführen auf Mythologie, aber wir können in der Mythologie Vorerscheinungen der Wahrheit finden und verehren; Vorerscheinungen, ohne deren Fortwirkung in der Seele des Menschen die Wahrheit vielleicht nicht aufgenommen worden wäre, wie sie es wurde. Das Wesen des Menschen, der Welt, war in der Richtung der Antwort gebildet, geführt, die sich in der Erscheinung des Engels vor der Jungfrau ereignet hat; und es ist diese Ahnung gewesen, die der zur Königin des Himmels erhobenen Jungfrau-Mutter die Mondsichel zu Füßen legte.«[3]
Wie können wir verantwortet die beiden Enden zusammenschließen: Maria als einmalige Frau der Geschichte, des Glaubens, und als ewige Vorahnung der Mythen, der Religion, als überreiche Symbolträgerin, als »Gefäß unseres Reichtums«, wie es in der äthiopischen Liturgie heißt?[4]

Es ist die Geistesgeschichte in Zusammenhang mit der heutigen Symbolforschung, die hier Hilfreiches über die Bildsprache und die ihr eigentümliche Wahrheit sagen kann.
Dazu eine erste Frage: Wie können wir uns heute der Welt der Symbole nähern? Eine unvermutete Antwort: Wir nähern uns dieser Welt nicht, sondern sie liegt bereits in uns, wir leben und erfahren aus ihr. Das muß erläutert werden. Die Geistesgeschichte kann das Symbol im Bereich des Mythischen orten; die Welt des Symbols und die Welt des Mythos erhellen sich gegenseitig. Bach-

---

[3] Die heilige Frau, in: Otto Karrer (Hg.), Maria in Dichtung und Deutung. Eine Auswahl, Zürich 1962, 270.
[4] Ebd., 301.

ofen nennt den Mythos »die Exegese des Symbols, er entrollt in einer Reihe äußerlich verbundener Handlungen, was jenes einheitlich in sich trägt«[5]. Der Mythos erzählt in einem bezwingend gültigen Grundmuster, was Wirklichkeit eigentlich und immer ist, wobei »das Eigentliche« das Aufleuchten und Erscheinen des Göttlichen in der Wirklichkeit ist.

Immer ist das Mythische tiefe Ergänzung, Gleichgewicht, das durch Kreislauf hergestellt wird, Fügung, worin Welt und Seele sich ineinander fügen.[6] Das Symbol ist gewissermaßen das Kürzel der mythischen Erfahrung, es drückt deren unbedingte Stärke und seelische Dichte aus, teilt aber auch ihre Begrenzung. Ein Symbol besteht aus zwei Hälften: der dinghaft-sinnlichen und der unsinnlich-geistigen. Seine sinnliche Bedeutung ragt ins Geistige, seine geistige Bedeutung erscheint im Sinnlichen – wie eben die ganze Welt, mythisch verstanden, ins Göttliche ragt und das Göttliche in der Welt erscheint (die Theophanien in den alten Religionen!). So gesehen ist der gesamte Kosmos selbst ein Symbol. Im engeren Sinne sind es aber einzelne Dinge, und zwar dann, wenn sie gemäß der strengen Definition aufgefaßt werden: »Ein Symbol *ist,* was es bedeutet«. Verdeutlichen läßt sich dies auch unmittelbar mit der Sakramentenlehre: In der Eucharistie *ist* das Brot der Leib Christi, den es bedeutet; in der Taufe *ist* die Waschung die Wiedergeburt durch die Gnade, die es bedeutet. Oder ein Beispiel aus dem Bereich des Hörens: in der Beichte als sakramental-symbolischem Vorgang bedarf es des Aussprechens der Sünden und des Aussprechens der Lösung; in den hörbaren Worten ereignet sich das Gemeinte wirklich.

So ist das Symbol »heilig« im ursprünglichen Sinn von »ganz«; es ist ein Ganzes aus Ding und Bedeutung, deswegen in seiner sinnlichen Gestalt auch nicht einfach austauschbar (wie das Brot der Liturgie nicht gegen Kartoffelsalat austauschbar ist). In diesem Verständnis ist heute noch in der orthodoxen Kirche die Ikone heilig; sie bedeutet

---

[5] Johann J. Bachofen, Oknos, der Seilflechter, Leipzig 1926, 355.
[6] Vgl. dazu Alfons Rosenberg, Einführung in das Symbolverständnis. Ursymbole und ihre Wandlungen, Freiburg 1984, bes. das Kapitel ›Symbol und Psyche‹. – Martin Heidegger hat die Bedeutung von Fug und Un-Fug in einem ähnlichen Sinne erneut wahrnehmbar gemacht (vgl. Holzwege, Frankfurt [5]1972, Kap. ›Der Spruch des Anaximander‹).

nicht den Heiligen, den sie abbildet, sie ist vielmehr seine Gegenwart. Selbst die Farben der mittelalterlichen Kunst übernehmen eine ähnliche (wenn auch nicht solcherart eindeutige) Aufgabe.
Ein beliebiges *Zeichen* im Unterschied zum Symbol ist dagegen *nicht*, was es bedeutet; der Wegweiser nach London ist eben nicht London, seine Bedeutung weist von ihm selbst weg. Ein Symbol ist jedoch aus zwei Hälften »zusammengeschmiedet«; es ist nicht einfachhin magisch Eines, sondern eine Unlösbarkeit aus zweien. Schon der Wortsinn weist darauf hin: symballein heißt zusammenwerfen, während diabolos der Auseinandernehmer der Zweieinheit, des Heiligen ist – der Teiler. Wiederum gibt die Entstehung des Begriffes Symbol einen schönen Hinweis auf das Gemeinte: Eine der ersten Formen scheint ein von zwei Freunden zerbrochener Ring gewesen zu sein, der beim Wiederbegegnen die Freundschaft erneut zusammenfügte und bewies (wirksam auch noch für die folgenden Generationen). Der Ring *hat* zwei Hälften und *bedeutet* geistigerweise die zwei Hälften einer Freundschaft: sie fügt sich wieder, wenn die tatsächlichen Hälften zusammenkommen.
Symbol ist also zutiefst und im weiten, nicht nur sakramentalen Sinn ein ursprüngliches Wiederbegegnen von Sinnlichkeit und Geist (Sinn!), Aufweis des Zusammengehörens von Himmel und Erde, von Leib und Seele. Insofern ist gerade der menschliche Leib ein Ursymbol; in ihm sagt sich die Person aus bis in einzigartige, psychosomatisch »durchsichtige« Einzelheiten, er ist die kaum verstellbare Sichtbarkeit meiner selbst. Schon von daher ist der Leib mehr als ein Körper, als die Hülse von außen; ich *habe* meinen Körper, aber ich *bin* mein Leib. Erst die ratio hat den Leib herabgesetzt zum Körper, den man organisiert, besitzt. Doch in allem Sichtbaren ist ein »Mehr«[7], oder besser: Dieses Mehr ist im Sichtbaren immer schon durchscheinend. »Sie ist mehr als sie selbst«, sagt Fionn, der keltische Held, von seiner Geliebten.[8]
»Die Wahrheit ist konkret« – in diesem Satz von Augustinus (den

---

[7] Ernst Bloch hat im »Prinzip Hoffnung« sogar vom atheistischen Gesichtspunkt aus dieses Mehr in allem Wirklichen thematisiert.
[8] James Stephens, Fionn der Held und andere irische Sagen, übers. v. I. F. Görres, Freiburg 1936.

wir oft nur noch über Bert Brecht kennen) heißt »konkret« wörtlich »zusammengewachsen«, also aus zwei Hälften zum Ganzen geeint, unauflöslich wie die Ehe.

Das heißt nicht, um einen Einwand vorwegzunehmen, daß man die sinnliche, bildliche Seite des Symbols »besitzen« könne und damit von selbst das Gemeinte, den Sinn »habe«; im Symbol darf und kann man sich an keine Seite »einseitig« hängen, sonst ist sein Ganzes zerstört. Wilhelm von Thierry (um 1070–1148) sagt im Vorwort zu seinem Hoheliedkommentar, in dem es um die Anstößigkeit der verwendeten Bilder der Liebe geht: »Eine wirkliche Liebe, die voller Begier nach der Wahrheit ist, kann ohnehin nicht lange an Bildern hängenbleiben und bei ihnen zur Ruhe kommen, und deshalb wird sie, sobald sie den Weg erfaßt, sehr schnell vom Bild zur Wirklichkeit weitereilen.«[9]

Die Neuzeit hat gegenüber dem Mittelalter und der Antike und gegenüber allen mythischen Erfahrungsweisen gelernt, die Wahrheit *gegen* das Bild zu behaupten, ja auszuspielen. Ihr Zusammenklang ist – unter dem Verdacht des Götzendienstes – verlorengegangen, Bilder wurden zu »idola«, wie sie Francis Bacon nennt. Nur in einer sehr jungen, sehr späten Wissenschaft, die erst am Anfang ihres Weges steht, wird mittlerweile das Bild als Symbolträger wiederentdeckt, ja es hat seitdem einen unerwarteten Siegeszug angetreten, weil die entstandene Einseitigkeit, Unsinnlichkeit, Rationalisierung jene Lücke schuf, in die das Bild-Erfahren sogartig wieder eindringt. Gemeint ist die Psychologie, besonders in ihrer Ausprägung als Tiefen- (und der hoffentlich kommenden Höhen-) Psychologie. Hier wird erstmals wieder und neu, die Welt des Analytischen ergänzend, die Bildsprache der Seele mühsam entziffert, und sie läßt sich deswegen entziffern, weil sie Grundgesetzen gehorcht, die von jedem einzelnen in seiner Gegebenheit zwar abgewandelt, trotzdem aber ursprünglich vergleichbar erfahren werden. Diese Gesetzmäßigkeit und Nicht-Willkür der aufsteigenden seelischen Bilder, die selbst dem logischen Zugang zur Wirklichkeit zugrundeliegen, ist eine Entdeckung des 20. Jahrhunderts,

---

[9] In: Bernardin Schellenberger (Hg.), Ein Lied, das nur die Liebe lehrt. Texte der frühen Zisterzienser, Freiburg 1981.

die uns aus der Neuzeit bereits in die Nachneuzeit hinauskatapultiert, nämlich aus der Vorherrschaft des logisch eindeutig Bestimmten, aus seiner Fehlform des Rationalen, »Berechneten«, in die Anforderung des »ganzen« Denkens. Wenn die klassische Bestimmung des Menschen schon seit der philosophischen Aufklärung der Antike lautete, er sei ein »animal rationale«, so sagt Cassirer, für die heutige Denkbemühung sei er vielmehr ein »animal symbolicum«[10]. Darin faßt sich programmatisch der neue Versuch einer gemäßeren Erkenntnis des Wirklichen zusammen – allen Fehlentwicklungen und Unklarheiten der Psychologie zum Trotz.

So gehört heute zum »gemäßen Denken« auch das Transparentwerden der Symbole auf Geistiges, des Bildes auf das Bildlose, des anschaulich Gebundenen auf das unanschaulich Freie. Wie können nun all diese Überlegungen für die Gestalt Mariens fruchtbar werden, wie öffnet sich der (Über)reichtum der Symbolik des Mütterlichen auf diese eine genaue Gestalt hin?

Die Lauretanische Litanei reiht unvergleichliche Anrufungen aneinander, wie einen Kranz von Rosen: »Du Turm Davids, Du elfenbeinerner Turm, Du goldenes Haus...«[11] Auf jede einzelne der Preisungen könnte man sich einlassen. Da aber das Bekannte dazu verführt, über es hinwegzuhören, sei eine unbekannte Folge von Anrufungen gewählt, ein Marienlob der äthiopischen Liturgie[12]:

---

[10] Ernst Cassirer, Philosophie der symbolischen Formen, (1924), Darmstadt ⁷1977.
[11] Vgl. Friedrich Weinreb, Die geheimnisvolle Rose, München 1983, was einen Blick in die jüdische Tradition dieser Preisung öffnet.
[12] Otto Karrer (Hg.), Maria in Dichtung und Deutung, 300f.

»Immerwährender Tempel,
priesterlicher Vorhof,
erwählte Säule,
grüner Baum,
Garten des himmlischen Sohnes,
Leuchte des Weltalls,
Sternenlicht,
unzerbrechliche Mauer,
Ausdehnung des Himmels,
Schleier von feinem Leinen,
Juwelenstadt,
Himmelsbraut,
goldenes Weihrauchfaß der Seraphim,
Ernte der Prophetien,
Mutter der Gerechtigkeit,
Lehre des Friedens,
Wein aus süßen Trauben,
Mutter der herrlichen Sonne,
Buch des Lebens,
Gefäß unseres Reichtums,
Überfluß zur Zeit der Frucht,
Ausgleich in den Jahren der Hungersnot,
Sättigung der Hungernden,
Königin der Liebe,
Pforte zum Paradies,
Hilfe der Sünder!«

Aus dieser großen Bilderkette sei eine Gruppe von Bildern herausgegriffen, um daran einen Zugang einzuüben, und zwar die Preisungen: »Leuchte des Weltalls«, »Sternenlicht«, »Ausdehnung des Himmels«, »Mutter der herrlichen Sonne«. Sie alle kreisen um das Bild der Himmelsleuchten und des Himmels selbst und reichen damit geistesgeschichtlich in tiefste Tiefen der menschlichen Be-

wußtwerdung und religiösen Verehrung hinab. Ja der »Stern über dem Meer«, mir-jam oder Maria, enthält selbst dieses Himmelslicht. Nun sprach Reinhold Schneider davon, daß man der Himmelskönigin die Mondsichel zu Füßen legte; ikonographisch kann man aber noch weiter ausgreifen, denn ihr Mantel wurde als »Sternenzelt« mit Licht übersät, und in der Apokalypse (Offb 12,1) erscheint das geheimnisvolle »Weib, mit der Sonne bekleidet, den Mond unter den Füßen«. All das sind kosmische Bilder voll ungeheurer Kraft. (Ergänzt sei hier noch die »Ährenjungfrau«, deren Mantel über und über mit sprossendem Korn bedeckt ist.)
Wo liegt die Wahrheit dieser Bilder, und zwar nicht die »Wahrheit für andere« (Hegel), sondern für uns? Worin sind denn Mond, Sonne, Sterne, Himmelsgewölbe wirklich Symbolträger Mariens, wie ist sie denn das unsichtbare »Mehr« dieser Sichtbarkeiten? Wieder beginnt der Einstieg in jene Vorwelt, die wir vergessen oder eingebüßt haben, die Welt des frühesten Bewußtseins oder Vorbewußtseins, aus der wir genetisch wie geistig stammen. Heute sind wir in der Lage, vieles aus den Quellen (Überlieferungen, Bildern, Riten) dieser Frühzeit der Menschheit zu rekonstruieren; ebenso hilft aber auch ein Erinnern an die eigene Frühe der Kindheit. Archäologie, Ethnologie, Psychologie sind – wie ausgeführt – neben anderen Wissenschaften auf der »Suche nach der verlorenen Zeit«, die nicht eigentlich hinter uns liegt, vielmehr in uns abgesunken ist.
In dieser »verlorenen« ersten Zeit (genauer Zeitlosigkeit) ist »Welt« überwiegend weiblich empfunden, weiblich gedeutet, weiblich verehrt. Religionsgeschichtlich ist das Empfinden weiblicher Sakralität reich belegt[13]; Mutterschaft selbst war göttlich und die Göttin eine immer neu fruchtbare Mutter. Dies gilt nicht nur in der Zeit des Ackerbaus, in dem die Frau für Pflanzen- und Tierzucht eine hervorragende Rolle spielt, es gilt offenbar auch

---

[13] Bahnbrechend – trotz mancher Überholtheiten – war Johann J. Bachofen, Das Mutterrecht, Basel 1887; weitergeführt sind seine Forschungen durch Mircea Eliade, Karl Kerényi und – tiefenpsychologisch – durch Carl Gustav Jung; seit neuestem auch durch Georges Devereux, Frau und Mythos, München 1986.

für die Zeit der Jäger, wo die »Herrin der Tiere« als göttliche Urfrau bis weit in die geschichtliche Zeit hinein verehrt wird.[14]
Innerhalb dieser weiblichen Grundprägung der Kulturen ist die zweite Prägung schon bekannt; es sind Nacht- und Mondkulturen, eher im Dunkel als im Hellen angesiedelt. Die erste bekannte Zeiteinteilung richtet sich nach dem Mond und seinen Phasen in vier mal sieben Nächten, die mit dem Zyklus der Frau in Verbindung stehen; der »Monat« ist – auch etymologisch – der Mondmonat, der nach Nächten, nicht Tagen gezählt wird. Der Mond gilt als Urbild der ständigen Erneuerung und des Untergangs, des Wachsens und Vergehens, des Lebens und des Todes in rhythmischem Wechsel und Wiederkehr: »O fortuna sicut luna«, wie die Carmina Burana reimen. Die Feste sind von Neu- oder Vollmond bestimmt: so zeigt bei Jesus Sirach (13,6–7) der Mond die gewöhnliche und die festliche Zeit an.[15]
Wiederum spiegelt der Mond auch die Bedeutung der Frau, oder deutlicher der Mutter. Die Mutter ist in dieser Frühzeit numinos gesehen und verehrt; weil sie Leben aus sich hervorbringt, und zwar – im Bewußtsein und Unbewußtsein dieses Fühlens – ganz aus sich allein, ohne Zutun des Mannes. Frausein ist Zeichen des unversiegbaren Lebens, Gegenwart des Lebens selbst. Sie verändert sich in der Schwangerschaft, wird rund, gebiert das Kind, nimmt wieder ab, wird wieder rund: Spiegel des Mondes.
Die »große Mutter«, die Leben und Tod in sich sammelt, ist Ausdruck zugleich göttlicher Lebenskraft und *jeder* einzelnen Frau in ihrer naturhaften Vitalität; die Göttin erscheint in der Gattung (auch das kein Sprachspiel: Gott und Gattung entstammen derselben Wurzel). Diese große Mutter tritt bildlich und mythisch in Beziehung zu Wasser, zur Schlange, zu Frucht und Ernte, zu Baum und Höhle, besonders aber zum Mond und überhaupt zum Himmelszelt mit seinen Sternen.[16] In Altägypten ist der gestirnte

---

[14] Bilddarstellungen und Deutung bei Erich Neumann, Die große Mutter, Olten/Freiburg 1985.
[15] Vgl. erneut die »Lunartheologie« bei Hugo Rahner, Symbole der Kirche. Ekklesiologie der Väter, Salzburg 1964.
[16] Erich Neumann, Über den Mond und das matriarchale Bewußtsein, in: Erich Neumann, Zur Psychologie des Weiblichen, München o. J., 59–101.

Himmel nichts anderes als die über die Erde gebeugte große Göttin Nut, in deren mütterlichem Leib nachts die Sonne zur neuen Wanderung heranreift und unter deren Bergung sich alles nächtlich erneuert.

Im Mond und den ihn umkreisenden Sternen scheint die Frau also ihr eigenes Wesen zu erfassen, anzusehen, zu verehren. Geheimnisvoll zeigt er ihr, im »Außen«, ihren eigenen Wandel, ihre Wandlungsfähigkeit, deren sie »innen« allein nicht gewahr wird: Änderung, Tod und Auslöschen, dann unerwarteten Neuanfang (nicht umsonst kommt »Laune« von »luna«), den Zusammenhang mit dem Wachstum der Pflanzen, der Vermehrung der Tiere, der Bewegung des Meeres in Ebbe und Flut. In Mond und Sternen ist das Ungeheure, das Regellos – Regelvolle des Lebens sichtbar.[17]

Erinnerungen dieser Art sind nicht etwas Beliebiges, das man heraufholt und darauf wieder ablegt – gerade weil es übersubjektive Urerinnerungen sind, die, wie das Wort sagt, im Inneren gefunden werden. Selbst wenn sie unbewußt blieben, wären sie »da« – durch die Tiefenpsychologie ist ja deutlich geworden, daß auch und gerade das wirkt, wovon man mit dem Tagesverstande nichts weiß, und daß es diese dunkel bleibenden Kräfte sind, die unerwarteterweise jeden am tiefsten bestimmen.

So ist es zunächst »natürlich«, daß diese Urbilder, und vor allem die tiefe Bergung und Befriedung, die von ihnen ausgehen, mit großer Kraft, ja fast unwiderstehlich wirken. Und zugleich ist es »natürlich«, daß diese ganze Überlieferung, die Fülle der bereitgestellten Bilder, gleichsam freudig, sich selbst erst richtig erkennend, auf Maria zugestürzt ist.

An Maria haben sich zunächst – tiefenpsychologisch gesprochen und dies durchaus nicht abwertend – diese seelischen Bilder einge-

---

[17] Wenn der Mond sich verfinstert, so ist das im AT wie im NT ein Zeichen des äußersten Zornes Gottes, ein Zeichen des Lebensentzuges (vgl. Jes 13,10; Ez 32,7; Joel 2,31 und 3,15; Mt 24,29; Mk 13,24; Apg 2,20; Offb 6,12). Anderseits: wenn die endgültige Wiederherstellung Jerusalems, also das Reich Gottes wirklich geworden ist, wird das Mondlicht dem Sonnenlicht gleichen (Jes 30,26): alles ist auf Dauer mit Leben gesättigt.

löst und bewahrheitet: die Bilder der großen, ja kosmisch herrscherlichen, von göttlicher Kraft durchdrungenen Mutter, die ja Bilder des unversiegbaren, umsonst geschenkten, unerhört und selbstverständlich geborgenen Lebens sind. Ob es die samstägliche Erdmutter ist, die sonntägliche, apokalyptische Sonnenfrau oder die Frau, den Mond zu Füßen, Sterne über dem Haupt und auf dem Himmelszelt-Mantel – immer erscheint Maria als ungeheure Verdichtung der segenspendenden Mütter, deren die Mythologie voll ist. Zu dieser symbolischen Ausdeutung des Volkes wie auch der frühen Theologie nun zunächst ein positives Wort.

Heute stellt sich mit großem Ernst die Frage, ob die Wiederkehr verdrängter Bilder und ihr Zulassen nicht ein Gebot der Stunde sei. Könnte nicht gerade die Mariologie damit sogar eine Brücke zu fremden Religionen sein? »Der Kirche bleibt (...) nur die Möglichkeit zu entdecken, was sie de facto in ihren Dogmen an Gemeinsamem mit allen Menschheitsreligionen teilt; nur so kann sie an dem Anspruch festhalten, eine Botschaft zu besitzen, die an alle Völker ›aller‹ Zeiten adressiert sei.«[18] Die Kräfte der Psyche und der von ihr gespeicherten Erfahrung *sind* ein objektives Wahrheitszeugnis des Religiösen, ein vorbereiteter Boden für den Glauben. Ja die Urbilder und Urerfahrungen menschheitlicher Erzählungen handeln zutiefst von Erlösung; sie sind Zeugnisse der Religions- und Geistesgeschichte und der menschlichen Seele für die Möglichkeit, die Wahrheit, die Formen der Erlösung bis zum heutigen Tag. Paul Claudel war zutiefst bewegt, als er in China die Gestalt der »kleinen Mutter« mit dem Kind auf dem Arm als Retterin vor der Unterwelt antraf, vor deren Licht die Ungeheuer verschwinden. Der Glaube, bis in die Dogmatik hinein, hat seelische Grundlagen. Drewermann[19] sieht hier deutlich den Unterschied zum Protestantismus, für den diese seelische, »mythische« Vorgabe bisher nicht

---

[18] Eugen Drewermann, Die Frage nach Maria im religionswissenschaftlichen Horizont. Die scheinbare »Grundlosigkeit« der Mariologie, in: Zs. für Religionswissenschaft 66, 2 (1981), 101 f.
[19] Ebd., 111.

akzeptabel war. Für die Zukunft ist aber entscheidend, wie die Stellung der Theologie (als der bewußten Reflexion religiöser Erfahrung) zum Bild und zum Unbewußten beschaffen ist. Die alte »analogia entis« des Mittelalters könnte in dieser Betrachtung neu ausgelegt werden: daß Gott die Seele mit dem ihr eigenen Überfluß an Bildern nicht durch die Erlösung einfachhin durchkreuzt und sie damit sich selber entfremdet – sonst gelangt man zu einer folgenschweren Verleugnung und Verwüstung der Psyche. Nein, es geht darum, das Heilende, nämlich Gänzlichende der Symbole zuzulassen, ihre Dynamik dem Bewußtsein befruchtend zuzuführen, wobei das Bewußtsein (wie der Rosselenker Platons) freilich immer die Rolle des Lenkers und Richters einnehmen muß und soll. Nimmt man diese Aufgabe nicht wahr, so kommt es, wie anfänglich schon im 19. Jahrhundert, zu einer Wiederentdeckung des Weiblichen und der Psyche unter rein atheistischen Vorzeichen (Schopenhauer, Nietzsche, Freud, Adler). Wo die Theologie allein über den historisch-kritischen Verstand argumentativ arbeitet, klärt sie ja letztlich nur über ihre eigene Seelen-Losigkeit auf. In bezug auf das letzte Mariendogma von 1950, der »leiblichen Aufnahme Mariens in den Himmel«, das übrigens der Protestant C. G. Jung genau aus der Kenntnis dieser Zusammenhänge heraus begrüßte[20], sagt Drewermann: »Die katholische Kirche (scheint) wie verzweifelt bemüht, in Form der Mariologie ein inneres Gegengewicht zu der Härte und Brutalität der Vaterwelt zu schaffen. Sie tut das zweifellos nicht ›absichtlich‹ und geplant. (...) Sie tut das eher wie ein Mensch am Rande einer ausbrechenden Psychose, dem sich von innen her bestimmte selbstregulative Bilder und Vorstellungen kaskadenartig mit absoluter verbindlicher Gewalt buchstäblich als Zeichen seines Heils aufdrängen.«[21]

Ähnlich, wenn auch ohne psychologischen Hintergrund, eine Tagebuchnotiz Guardinis vom 28. 9. 1954 über dasselbe Marien-

---

[20] Zur religionspsychologischen Deutung des Dogmas s. Carl Custav Jung, Antwort auf Hiob, XI, 495–503.
[21] Drewermann, 114.

dogma als »elementare(n) Appell an die Macht der heiligen Weiblichkeit. Die Welt geht am Maskulinen zugrunde, buchstäblich. Hier antwortet die Kirche der tiefsten Not des Menschen heute.«[22]
Die psychologische Annäherung hat das Integrale, ja das unwiderstehlich Heiligende der Symbole Mariens aufgedeckt – begründet in ihrer *seelischen* Stimmigkeit. Dies ist zweifellos von hoher konstruktiver Kraft für den Glauben, für das seelische Urvertrauen des einzelnen Gläubigen wie für die Symbol-Ökumene der Religionen. Andererseits ist nun Maria als sie selbst zu nennen, als die biblisch Einzige, moné, über die Religionen hinaus. Sie ist ebenso Einlösung und Bewahrung der seelischen Bilder wie ihr Überholen durch die Wirklichkeit.
Ist es nicht bewegend zu sehen, wie sie den Mythos der schwarzhaarig-schönen Mondgöttin Koronis einlöst – Koronis, die auch die »Lichtvolle« heißt? Diese ist auf Wanderschaft, wenn ihre Stunde naht; ihr Sohn, der Heil- und Lichtgott Asklepios, ist ohne Vater empfangen; Hirten und Tiere ehren das Neugeborene.
Mariens Geschichte ähnelt zwar diesem und anderen Mythen; dennoch ist es kurzsichtig, verständnislos, die lukanische Weihnachtserzählung etwa ihnen einfach gleichzuordnen. Die Übereinstimmung entsteht daraus, daß der Mythos der geoffenbarten Wahrheit gleichsieht und darin sein Maß hat, nicht aber umgekehrt. Prüfen wir die biblische Aussage sorgfältig und vom Phänomen her.
Die Geschichte der Mutterschaft Mariens, in Ort und Zeit zu finden, ist die Geschichte der Erwählung durch den einzigen Gott. Sie rückt damit sofort in den Anspruch ein, den Offenbarung immer hat: einzig-persönlich von dem einzig-persönlichen Gott gemeint zu sein. Hier liegt ein entschiedener Ernst (und eine entschiedene Freude) vor: Nicht überwältigt ein Gott eine unbewußt bleibende Frau – wie der goldene Regen auf Danae niederfällt, wie der Schwan mit Leda tändelt, wie die anonymen Baum- und Korngottheiten jene Koronis mittelbar befruchten, mit ihnen also

---

[22] Romano Guardini, Wahrheit des Denkens und Wahrheit des Tuns. Notizen und Texte 1942–1964, hg. v. Felix Messerschmid, Paderborn 1980, 94.

die ganze quellende Natur als »Vater« aufgerufen ist. Überall waltet dabei blinde – wertfreie – Sexualität im notwendig-unfreien Ablauf – wie Regen –, gekennzeichnet durch ein unpersönliches, triebhaftes Zueinander und den entsprechenden Partnerwechsel (Zeus ist ja die bindungslos schweifende Männlichkeit überhaupt). Immer wird im Mythos das Geschehnis wieder in den Naturkreislauf eingebunden, in jahreszeitliche Fruchtbarkeit; es geht um die Darstellung des Zusammenwirkens von männlichem und weiblichem Prinzip, biologisch-elementar. Vater und Mutter, ja auch die Kinder sind hier austauschbar, Teile eines Ganzen, das wunderbargöttliche Vervielfältigung heißt.

Eben dies nennt das alte Israel Baal: die hemmungslos sich auszeugende Produktivität. Mit immer erneuter Zurechtweisung und mit Leiden hat das auserwählte Volk Unterscheidung gelernt, die Unterscheidung seines Gottes El von den vielerlei Götzen Baal, die Unterscheidung Gottes überhaupt von der Geschlechtlichkeit.

So ist die biblische Verkündigungserzählung verhalten; hier wird nicht Trieb gefeiert und ausgelebt, sondern die freie Zustimmung einer Frau erbeten, übrigens auch dies nicht unmittelbar, sondern durch einen Boten (angelos). Diese Mittelbarkeit ist Grundzug der Offenbarung; die Souveränität bricht nicht einfach ein. Im Gegenteil, die Epiphanien des einzigen Gottes sind keusch – die Ohren hören und hören sie doch nicht, die Augen sehen und sehen sie doch nicht, im brennenden Dornbusch, in der Gestalt Jesu selbst, der paradoxen Knechtsgestalt. Gott tobt sich nicht aus in seiner Schöpfung. Ganz ist er da und doch nicht erschlagend anwesend, im Unterschied zu aller magischen Verschmelzung, zu aller pantheistischen Einssetzung. In der Verkündigung an Maria ist der Souverän bittend, einer Antwort bedürftig. Und in Maria verdichtet sich alles, was menschliche und geistvolle Freiheit meint: ein Antwortenkönnen und nicht Überlistetwerden, eine wahre Entscheidung und nicht ein Nachsagen. Nur wer frei ist, hat nichts dagegen, eine Magd zu werden. Alles andere ist unwürdig zu denken: ist doch des Engels Anfrage, Marias Nachfrage und Antwort etwas wesentlich anderes als Schablone.

Freilich läßt sich dieser Vorgang nur anleuchten; von innen her bleibt er – wie jede wirkliche Entscheidung – dem Blick anderer entzogen: gerade das gehört zur Intimität, Keuschheit, Freiheit solcher Begegnung.

Was sich dann im biblischen Magnificat ausspricht, ist die durch Herz und Geist gegangene Schulung des Volkes Israel: Gottes Taten gerade in ihrer Paradoxie zu preisen. In Marias Lied vollzieht Gott Unerwartetes, Unsägliches, darunter die (wirkliche, nicht konstruierte) »Umwertung aller Werte« von arm und reich, Dienen und Gewalthaben, hungrig und satt, Mensch und Gott. In Marias Mund ist höchste Theologie gelegt, jene, die man sich nicht am Schreibtisch ausdenkt, sondern die längster Erfahrung bedarf und dann noch kaum geglaubt wird. Hier ist Gott nicht die Überhöhung unserer selbst, »Projektion«, Handlanger der eigenen Ideologie, sondern noch einmal der nie begriffene Souverän. Und jeden, der in sein Kraftfeld gerät, macht er souverän, weil der Freie um sich nur Freie dulden kann: seinen Knecht Abraham, seine Magd, sein Israel. Diese Klarheit der Einsicht löst den mythischen Traum ab, das Ungefähre der Bilder, das Verantwortungslose des Ersetzbaren: ein genaues Volk ist erwählt, eine genaue Geschlechterfolge, ein genau antwortender Mensch.
Klarheit der Einsicht ist das eigentliche Kennzeichen biblischer Geistigkeit, und vor dem Hintergrund dieser Klarheit ist Marias Hymne auf Gott zu lesen.

Schließlich ihre Weise, das ihr so außergewöhnlich zu eigen gegebene Kind bis zu seinem erzwungenen Tod zu begleiten. Sie war jene Mutter, die ihr Kind ebensowohl liebte (gewiß mit Freuden für es gestorben wäre) als es auch freigab, wahrhaftig bis zum Letzten. Sie war die einzige Mutter des Einzigen, durch die er – in jahrhundertelanger Vorbereitung der Geschlechterketten geboren werden wollte, aber sie stimmte auch zu, als er *jeden* Mutter, Bruder und Schwester nannte, die den Willen des Vaters befolgten.
Diese Haltung ist das Biblische. Das Ungeheure daran ist das Aushalten des scheinbar Unvereinbaren in aller Reinheit. Dies drückt sich ja in der doppelten Zuweisung aus: Mutter und Jungfrau zu sein.

Wiederum: das Mütterliche, Bindende, durch das Jungfräuliche geklärt; das Jungfräuliche durch das Mütterliche vor der Sterilität bewahrt. Wenn Jesus der Mutter unter dem Kreuz den anderen Sohn zuweist, dann nur, weil sie den Wechsel schon vorher – unter welchen Schmerzen und Freuden? – vollzogen hatte. Nirgends wird sie in der Selbstdurchsetzung der großen Mütter gezeigt, die das Kind eher töten als es lassen; dieses Kind hat sie rasch gelehrt, es immer wieder zu lassen, die anderen an seiner Statt anzunehmen.
Ein Zeichen für diese reinigende Veränderung der großen Mutter mag es sein, daß Maria im Unterschied zu den mythischen Mondgöttinnen den Mond zu Füßen, also ihn »untertan« gemacht hat und nicht mehr, ihn auf der Stirne tragend, von ihm lunarisch-launisch beherrscht wird. Ein Zeichen, daß die herkömmliche magische Macht der Mütter hier aufgehoben, zu ihrer Helle befreit, der dunklen Besitzergreifung entkleidet ist.
Ein Letztes: In allem Bekannten, Nahen muß auch immer auf die Unbekannte, die Unerwartete, Unerwartbare geachtet werden. Ist uns die Mutter vertraut, so bleibt doch die Jungfrau der *verschlossene* Garten. Verschlossen, nicht weil sie sich uns vorenthält, sondern weil sie ihr eigentliches Gesicht nur Gott zeigt (wie übrigens jeder von uns). Aber von diesem unbekannten, oder sagen wir jungfräulichen Gesicht her erhellt sich noch einmal die Mutter. Sie kann im Mythos rein *und* verführerisch, lebenspendend *und* verschlingend sein. In dem Mädchen Mirjam der Bibel erscheint ein Leben, ein Schöpferisch-Sein, ein Sich-Geben und Beeinflussen, das nicht für den anderen destruktiv ist. Hier ist eine Mutterschaft entworfen und gelebt, worin jemand über ein Kind vollständig verfügt, es ganz empfängt und es ganz freiläßt.
Vielleicht ist es eine Möglichkeit, sich diesem gelassenen Leben anzunähern (und dabei selber klarer zu werden), wenn man sich vor dem Überreichtum an Symbolen, die Maria als Mutter einhüllen, einfach nicht fürchtet. Wer diesen Überfluß nicht braucht: Sie selber hat ihn nicht eifersüchtig gehortet. Der siebte Tag, an dem Gott ruhte, ist Sinnbild aller Vollendung. Diese Armut des Sabbath, an dem nichts produziert wird und doch alles da ist – ist das nicht Maria? Ihre vollendete Armut mag uns mehr rühren als aller

Bilderschmuck. Wie die sechs Werktage in den einen Feiertag münden, so münden die großen, helldunklen Göttinnen der Vorzeit in die *kleine Mutter*. Unauffällig, nicht bedrohend faßt sie Erfahrungen ältester Art zusammen – eben in Reinheit, die auch den davon Geborgenen integer macht.

VII. Ist Vollkommenheit langweilig?
Oder: Auf der Suche nach einer »anderen« Maria

»Wahrheit leuchtet nur auf, wenn der Mensch der Wirklichkeit jeweils so gegenübertritt, wie sie es selbst verlangt. Je höher das Wirkliche steht, desto größer ist die Anforderung, die es an den erkennenden Geist stellt; desto größer aber auch die Versuchung, sie auf die Ebene der tiefer stehenden Dinge herunterzuziehen, weil er es dann bequemer hat. So ist es zum Beispiel sehr verlockend, das Lebendige chemisch, oder den Geist biologisch zu denken, denn man spart Arbeit und gewinnt den Schein strenger Wissenschaft; in Wahrheit war man geistig träge, hat dem Erkenntnisgewissen Gewalt angetan und das Eigentümliche des Gegenstandes verloren.«[1]
Trägheit und Gewalt des Denkens – jedem Denkenden vertraut: die Abkürzungen, wenn der weite Horizont einer Frage nicht zu bewältigen ist, die längst vorhandenen Begriffe, die herrisch an die Stelle lebendiger Problemfülle treten. Offenbar nimmt diese Versuchung zu, je näher man an die nicht funktionalen Wirklichkeiten herankommt, an die eigensten, aber doch nicht vertrauten Fragen, mit denen man sich selten genug und meist eher notgedrungen konfrontiert: mit dem Sinn und Gegensinn in dieser Welt, mit der eigenen Existenz und ihren schmerzlichen Verwundungen, mit der Ferne des so nah gebrauchten Gottes. Da sich hier die Wegmarken des Verstandes schnell verlieren, werden diese Fragen lieber auf eine noch übersichtliche Ebene verlagert und dort teilbeantwortet; der antwortlose Rest verschwindet ins Absurde, Gleichgültige oder einfach Wegerklärte. Ein schönes Beispiel bieten etwa die interdisziplinären Tagungen zum Thema »Was ist der Mensch?«, wo er als Säugetier, als chemische Verbindung, als potentieller Neurotiker, als gruppendynamische Funktion und zu guter Letzt meist als Ebenbild Gottes erscheint, in der neuzeitlichen Hoffnung, aus diesem Cluster werde sich so ungefähr sein Ganzes addieren...

[1] Romano Guardini, Die letzten Dinge, Würzburg 1952, 47.

Im Grunde verrät diese Befriedigung am Detail immer einen Agnostizismus: nicht nur den über Gott, ebenso über den Menschen, ebenso über die Welt.

In der letzten Zeit ging es in ähnlicher Detaillierung, ja Biologisierung um einen Menschen, der dem »glühenden Kern« Gottes sehr, sehr nahe ist, wohl besser: zu ihm gehört. Damit gerät dieser Mensch – eine Frau – in dieselbe Gefährdung: Teile und Aspekte an ihr sind vertraut, der kritisch-exegetischen Klärung zugänglich, die Koordinaten greifen. Anderes, das dem Glauben zugewiesen wird, entzieht sich der Analyse von vornherein, als logischer wie erfahrungsmäßiger Widerspruch: die Mutter, die zugleich Jungfrau sein soll.

Die »Mutter« daran ist freilich etwas Normales; zwar wird ihr ein besonderes Kind zugesagt, aber ihre biologische Funktion allein hebt sie noch nicht aus allen anderen Müttern heraus. Max Ernst hat ein surrealistisches Bild gemalt: »Die Jungfrau Maria züchtigt den Jesusknaben«[2], wo eine junge Frau auf das bloße Hinterteil eines pausbäckigen Knaben losdrischt – eine »Vermenschlichung« der Heiligen Familie zweifellos, ebenso zweifellos läßt das Ganze aber auch gleichgültig. Läuft der Reiz einer Neudeutung hier auf die »Hausfrau von Nazareth« hinaus?

Jungfräulichkeit, das Pendant, ist unter heutigen Auspizien schlicht unverständlich und wird deswegen »wegnormalisiert«. Die eine Möglichkeit: man begreift sie als Mythologem, denn manche Göttermütter empfangen jungfräulich[3] – so habe hier der Verstand einfach mit Symbolik zu tun, die an die prärationale Bildsprache der Psyche gebunden sei; schon von daher hätte der Verstand das Recht (die Pflicht?), die selbstverschuldete Undeutlichkeit zu vereindeutigen, aufzulösen. Die andere Möglichkeit: eine jahrtausendelang falsche Biologie sieht die Frau als »Blumentopf«[4], als passive Hülle bei der Empfängnis, mit der Gott gleichsam kreativ umgehen konnte. Mit der Entdeckung der weiblichen Eizelle sei diese Mög-

---

[2] Als Illustration verwendet zu: Uta Ranke-Heinemann, Maria und die zölibatären Männer, in: Die Zeit vom 24. 7. 1987, S. 29.
[3] Ebd.
[4] Ebd.

lichkeit nur noch auf 50% geschrumpft – die Hälfte des Kindes stammt von der Frau, die Hälfte von? Hier beginnt die Suche nach dem natürlichen Vater – nicht besonders zwingend (warum sollte das Handeln Gottes »nach der Entdeckung der Eizelle« mehr an die Naturgesetze gebunden sein als vorher? Hat die bisherige Aussage denn je ein Naturgesetz bemüht?). Jedenfalls fiel der bisher ausgesparte »natürliche Vater« wohl einer irrigen Biologie, wenn nicht Vertuschung der Wirklichkeit zum Opfer, einer »Reduktion der Heilstat Gottes«[5].
Könnte man nicht in Zukunft Maria als »normale« Ehefrau selbstbewußt, vielleicht auch kumpelhaft »eine von uns« nennen? Fällt nicht endlich der Lack des Außergewöhnlichen und gleichzeitig die Farblosigkeit von ihr ab, wenn man es so versucht: »Ich stelle mir Maria vor: ein Mädchen aus einer Kleinstadt, einem älteren Mann zur Ehe versprochen, bemerkt eines Tages, daß ihr die Periode ausgeblieben ist. Dann geht das so wie bei vielen von uns: man wartet ab, man rechnet die Tage nach, kann doch gar nicht sein, man wird unruhig, es müßte doch, man wartet.«[6]
»Dann geht das so wie bei vielen von uns« – ist diese aufgegebene Jungfräulichkeit heute auf merkwürdige Weise der Punkt geworden, an dem noch am ehesten eine Identifikation einsetzt – zumal der »Partner« in dieser Version offenbleibt? Auch hier hat sich ja die Beurteilung geändert; insofern wäre die offene Frage nicht mehr anstößig, eher ein Vorfall, an dem man Verständnis demonstrieren könnte. Jedenfalls geht die junge Mutter selbst dieser Frage nicht weiter nach; stattdessen spielt sich die Überlegung in den Vordergrund, ob sie ihr Kind austragen soll, und die nach drei Monaten erworbene Entscheidung löst sich dann in einem »Großen Hallelujah«[7], dem Magnificat (vielleicht wäre hier als Modernisierung angebracht: in einem High-Sein?).
Sind damit endlich die Kennzeichen gegeben, an denen wir uns selbst wiederfinden? Maria heute: Bestätigung, ja Rechtfertigung

---

[5] Ebd., S. 30.
[6] Dorothee Sölle, Maria und andere, in: Armin Juhre (Hg.), Die Stimme in der Weihnachtsnacht, Hamburg o. J., 127.
[7] Ebd., 128.

unserer verlorenen Illusionen? Ist es ihr Pech, daß wir endlich genau Bescheid wissen über das Leben und sein Fifty/Fifty?

Sören Kierkegaard hat im 19. Jahrhundert herausgearbeitet, daß die Logik, wenn sie redlich bleibt, ihre eigene Grenze angeben kann. Denn der Gegenstand des Denkens, gerade wenn es an die eigentlich existenzerhellenden Fragen geht, wird immer paradoxer (und das heißt: der Logik ungreifbarer). Ja es läßt sich sagen: Solange das Denken nicht vor die Paradoxie des Wirklichen geraten ist, ist es gar nicht vor die tatsächlich bewegenden Fragen geraten. Nehmen wir die Liebe: in ihr empfinde ich mich frei – denn unter Tausenden habe ich den einen gewählt, auf den es mir ankommt. Zugleich werden Denken und Gefühl sagen: Ich *mußte* ihn ja wählen, ihn und keinen anderen. Freiheit und Notwendigkeit der Liebe also[8]: ein und dieselbe Wirklichkeit, in der sich das Denken von zwei entgegengesetzten Enden her trifft. Sie schließen sich logisch aus, wirklich aber bestehen sie nur aneinander.
Damit ist aber der Verstand – über ihn selbst hinaus – ent-grenzt. Die Grenze, die zu seiner Klärungsarbeit gehört, wird hier geöffnet, an das Ausgesonderte wieder notwendig angebunden. Ja es zeigt sich, daß das, was nicht dazuzupassen schien, unbedingt einbezogen werden muß.
Kierkegaard nannte das Paradox die eigentliche Denkgestalt der Zukunft wie übrigens seit jeher die Denkgestalt des Christentums (denn das Neue ist nur das gut vergessene Alte).
Tatsächlich ist die Grundspannung der christlichen Dogmen paradox. Entgegen der landläufigen Meinung, das Dogma sei die gußeiserne ausgrenzende Festlegung einer Wahrheit, ist vielmehr gerade in den Anfängen der Dogmatisierung immer den *zu engen* exklusiven Antworten gewehrt worden. Immer liegt die Versuchung des Verstandes darin, Ein Entweder-Oder zu fordern: *entweder* ist Christus Gott (und dann hat er am Kreuz nur gelitten »als ob«, hatte er nur einen Leib angezogen »als ob«, war er nur begraben

---

[8] Selbstverständlich steht hier die Dialektik Hegels im Hintergrund, die sich gerade als die Herausforderung der Logik begreift, der alltäglichen wie der naturwissenschaftlichen.

worden »als ob«) *oder* er ist Mensch (dann sind alle weitergehenden religiösen Überzeugungen nichtig, wie schon Paulus bemerkte). Eben hier hat die Häresie ihren genauen etymologischen Sinn: Etwas an der Wahrheit wird herausgeschnitten, ihr paradoxaler Gegensatz entfällt. Und damit entfällt die Polyphonie der einen Wahrheit, die Schwebe des Ganzen. Das lebendige Eine ist durchschnittlich = durchschnitten worden. Ebenso wie vor den Städten Sodom und Gomorrha im chassidischen Gleichnis ein Tisch steht (und vor der Höhle des Prokrustes ein Bett), worauf sich alle Reisenden legen müssen, um nach dem Maß des Tisches zusammengehackt oder überdehnt zu werden – so tötet die Rationalität das wahre Ganze an der Norm des Entweder-Oder. Daraus entspringt jener Durch-schnitt, der ebenso unwahr wie vordergründig praktikabel ist.

Demgegenüber läßt das Dogma frei; es bewahrt das Ursprünglich-Ganze vor dem Teil, die Wahrheit vor der Monotonie, z. B. der Monokausalität, besser noch einmal: Es entgrenzt das Abgeschlossene, Vermessene, Bekannte, Abgezirkelte und Selbstverständliche. Das Konzil von Nicäa entgrenzt die eingeengte Frage »Gott *oder* Mensch?« zum Paradox des Gottmenschen; das Konzil von Konstantinopel (553) entgrenzt die Teilaspekte »Mutter *oder* Jungfrau?« auf die jungfräuliche Mutter.

Zweifellos ist dies für das Denken herausfordernd, wohl sogar überfordernd. Zugleich nötigt es zu immer neuen Anstrengungen, die Balance des Gemeinten zu halten, ja die Spannung der Wahrheit (die spannende Wahrheit) zu ertragen. (Wovon wäre übrigens die Energie des Denkens abendländisch mehr freigesetzt worden als von solchen theologischen Vorgaben?[9]) Freilich zeigt die Kirchengeschichte, daß es wechselnde Bevorzugungen, vereinseitigte

---

[9] Immer läuft auch das Empfinden mit, das Gemeinte könne *nicht* denkerisch eingeholt werden. Ein schönes Beispiel findet sich in einer Notiz des Fr. Clemens Araneus de Ragusia: »Ich hatte vor, über die Empfängnis der seligen Jungfrau eine Predigt zu halten. Aber ich merkte, daß solche Predigten in der Christenheit eher zu den Fragen gehören, welche Unfrömmigkeit und Erregungen auslösen. Daher schreibt auch Paulus den Predigern vor, sich von Stammbäumen und unnützen Fragen fernzuhalten.« (Quodlibet declamatorium, Venetiis 1541, lib. I, 44r).

Auslegungen solcher Spannungsgefüge gibt. Werden wir konkret: das 19. Jahrhundert brachte wohl eine Überbetonung des Göttlichen in Christus, unserer Zeit scheint vorbehalten, seine Menschlichkeit wiederzuentdecken, mit der sofort sich heftig regenden Neigung, sie nicht mehr transparent auf ihre Gegenseite zu sehen...
Ähnliches geschieht mit der Jungfrau-Mutter. War ihre Unvergleichlichkeit wohl lange überbetont, so interessiert heute ihre Vergleichbarkeit als »Schwester im Glauben«, in ihren Krisen, ihrem Nichtverstehen Jesu usf. Damit wird sie sofort aus der Ferne des Farblosen zurückgeholt. Es geschieht etwas zunächst Sinnvolles, Einfaches und Richtiges: Sie wird als Mensch, als Frau, als Erbin jüdischer Frömmigkeit (neu) ernstgenommen, und sofort bildet sich der Widerhaken eines Kennenlernenwollens, wie es lange nicht da war[10]. Ist Vollkommenheit nicht langweilig? Es scheint so, erst recht wenn Vollkommenheit einen Stich ins Unvitale markiert oder – feministisch-zähneknirschend gesprochen – Verzichtstimmung, Einübung ins Dulden, Unerotik zum Leben (im weiten Sinne verstanden) anzeigt. Wenn Maria so bläßlich als »vollkommener Mensch« vorgestellt wurde, so liegt uns »Postmodernen« das Wort von Nietzsche auf der Zunge: »Das prachtvolle ›Tier‹ muß zuerst gegeben sein, – was liegt sonst an aller ›Vermenschlichung!‹«[11]
Wer würde aber im Blick auf Maria auch nur von ferne an eine solche Vitalität denken, an jenes »Adlerhafte« und »Pantherhafte«, mit dem Nietzsche z. B. seinen neuen Menschen auszeichnet[12] und das uns doch im Innersten anspricht – genau wie viele die Abgerücktheit des gewohnten Marienbildes im Innersten nicht anspricht?

Wie läßt sich also Marias beglückend verwandte Vitalität wiedergewinnen, an Stelle einer unwahren Entrücktheit? Gelingt dies

---

[10] Die letzten Jahre brachten eine unerwartbare Fülle an Neudeutungen Marias, bis in die jüdische Exegese hinein. Einmal abgesehen von deutlich ideologischen und/oder subjektiven Versuchen bleibt eine Reihe wichtiger Annäherungen.
[11] Friedrich Nietzsche, Der Wille zur Macht IV, 1045.
[12] Ders., Zarathustra, Das Lied der Schwermut, 3.

am ehesten über die Biologie? Über die Reduktion ihrer paradoxalen Ganzheit auf den gesunden Menschenverstand? Decken sich Gottes Heilstaten seit jeher und in Zukunft erst recht, mittels einer so zu nennenden »Brigitte-Theologie«, mit dem »Natürlichen«?
Hier rührt man an den nervus rerum. Was an Maria »ärgert«, ist ja nicht nur die Infragestellung der Biologie, sondern die Infragestellung der uns gewohnten Welt. Und zwar, weil diese Frau ebenso sehr daraus stammt, mit dem »freuden- und schmerzensreichen« Schicksal eines Menschen bis zur Neige, als sie auch deutlich – weit deutlicher als wir – nicht darin zu Hause ist. In Maria wird das sogenannte »Natürliche« brüchig. Unter ihren Bestimmungen weist eine besonders unübersehbar darauf hin: die Frau »ohne Makel« – das heißt doch wohl Makel auf unserer Seite. Hier deckt sich ihr Ärgernis mit dem des Christentums, das einer untergründig empfundenen, aber nicht gerne eingeräumten Wahrheit Ausdruck verleiht: daß das Ganze unseres Daseins ein großes Fragezeichen verdient. »Nichts ist unnatürlicher als die Natur«, um noch einmal Nietzsche zu zitieren, der die Wahrheiten des Christentums jagte und dabei verschiedentlich einlöste. Die Kernfrage läßt sich mit Franz von Baader so stellen: »Ist die Welt eine res integra oder nicht?« Gibt es überhaupt integre, autonome, wertfreie oder sogar gute Bereiche des Daseins »an sich«? Noch weiter: Ist das Dasein selber und als ganzes integer, »rund und schön«?
Das Christentum pflegt diese Fragen zu verneinen, schon durch die Aussagen vom Sündenfall und einem künftigen Gericht, ja von der endgültigen Schöpfung eines neuen Himmels und einer neuen Erde. Überhaupt: »Wenn einer in Christus ist, so ist er neue Schöpfung. Das Alte ist vergangen, etwas von Grund auf Neues ist entstanden« (2 Kor 5,17). Übersetzt man diese Antworten ins Greifbare, so geht das zunächst gegen folgendes gnostische Klischee: Das »Fleisch« wäre verdorben, nämlich das Triebverhalten, allem voran die Sexualität, während der Geist untangiert sei. Vielmehr gehören alle Ebenen von Grund auf unter dieselbe Frage: Trieb- und Instinktverhalten, psychische Bindungen/Hörigkeiten, der Verstand und seine Quasi-Autonomie, die geistigen Tätigkeiten – alles. Die

Grenzlinie läuft nicht zwischen Fleisch und Geist; die Biologie kennt unpersonale Vollzüge[13] ebenso wie das Denken zutiefst unpersonal sein kann, etwa in den großen selbstgenügsamen Ideologien. Keine dieser Ebenen ist unerschüttert, selbstverständlich, normal, gut, frei, dem Richten (im Sinne von Aufrichten, Geraderichten) entzogen. Ja der Geist bedarf des Heilens (Ganzwerdens) vielleicht noch mehr, da er noch größerer Entfremdung fähig ist (die Völlerei wird klassisch immer noch vom Hochmut übertrumpft).

Die christliche Grundaussage ist die von der Nicht-Identität dieser Welt – übrigens der Erfahrung durchaus nicht fremd, im Gegenteil: vertrautest. Umgekehrt: In Maria wird die Integrität der Schöpfung erstmals neu gegenwärtig – jene, an die man, hartgesotten in der Enttäuschung, kaum noch glauben kann. Vor ihrem Maßstab zeigt sich die jetzige Brechung, freilich auch das Maß der versprochenen Erneuerung. Und dies umfassend: durchaus von der Biologie, nämlich vom Leiblichen, bis zum Geistigen, oder genauer und paradoxer formuliert: Die Erneuerung zeigt sich im Untrennbaren von Leib und Geist, wie es das Mariendogma von 1950 präzise meint. Statt unerreichte und blutleere Ausnahme zu sein, ist sie doch vorweggenommen der menschliche Mensch, der eigentliche Trost unserer Halbheiten. Kann denn ein ganzer Mensch durch seine Ganzheit beleidigen? Doch nur dann, wenn er wegerklärtes Leid neu empfinden läßt...

Verlieren wir die unterschwellige Forderung der Moderne nicht aus dem Auge: daß Gott *in* dieser Welt, nicht hinter ihr in der »Hinterwelt« sich zeige, fleischgeworden und wirklich, ihre Bedingungen teilend und genau an ihren Bedingungen übrigens zugrundegehend, an ihrer Nichtidentität nämlich. Maria leistet diesen ersehnten Eintritt Gottes, sie, die Bedingte, Endliche, die das unbedingte Leben, hier und jetzt, durchscheinen läßt. Und *in ihrer Endlichkeit* ist sie uns tief vertraut *und* anziehend anders: immaculata, infallibi-

---

[13] In der zeitgenössischen Frauenliteratur schreibt jüngstens Elfriede Jelinek – fern jeder christlichen Überlegung, ihr vielmehr entgegengesetzt – über die Bitterkeit des sexus.

lis, assumpta, wie die drei letzten Dogmen der Neuzeit auf Maria und die Kirche bezogen lauten[14].

Hieraus darf man nicht wieder Exklusivität lesen, dieselbe beklagte Ferne, ja Langeweile eines nicht einholbaren Traumbildes. Tatsächlich ist an Maria das eingelöst, worauf sich unablässig die Suche richtet: das »unverdorbene Konzept« des identischen Menschen, zugleich begrenzt, geschichtlich *und* durchsichtig auf den Ursprung. Übrigens das Konzept, von dem die atheistische »Sinngebung des Sinnlosen« seit dem 19. Jahrhundert, von Marx bis Bloch, spricht, ohne es gedanklich und noch weniger wirklich einzuholen. Mit Kühnheit, freilich gerechtfertigter Kühnheit, läßt sich sagen, daß die Identität dieser Frau jeden trifft, schmerzt, heilt, meint – daß wir uns darauf in den mühsamen 70 Jahren des Glaubenlernens zubewegen. Genauer: Irgendwann auf diesem Weg ist zu begreifen, daß wir, Glieder der Kirche, mit ihrem Konzept mitkonzipiert sind. »Ahmet, meine Kinder, Maria nach, denn von ihr gilt das Wort, das da prophetisch die Kirche meint: ›Wie sind deiner Sandalen Schritte so schön, fürstliche Tochter du!‹ Adelig schön schreitet die Kirche dahin und verkündet die Botschaft der Freude. Ja, schön schreiten dahin Maria und die Kirche«[15] – nämlich wir, Kirche wörtlich genommen. Denn was ist die Taufe anderes als die reale Verheißung, wieder »ohne Makel«, wieder »unfehlbar« (im Konsens der Kirche) zu sein, wieder »aufgenommen« zu werden in Gänze (mit Leib und Seele) zu Gott?

Um bei diesem letzten Gedanken noch deutlicher einzuhaken: Die Mariendogmen dürfen nicht bloß »einbahnig« auf sie hingelesen werden, sie sind, in einer zweiten, aber nicht weniger gültigen Hinsicht, Aussagen über den Menschen, den erlösten nämlich. Nehmen wir das junge Dogma von 1950 über die »leibliche Aufnahme in den Himmel« als Beispiel, gerade weil es umstritten, für nicht notwendig erklärt ist, für nicht biblisch fundiert gilt. Wahrscheinlich ist der zugrundeliegende Gedanke noch zu neu, als daß er schon richtig wahrgenommen wäre. In diesem Sinne erscheint hier

---

[14] Seit jeher sind im christlichen Denken Aussagen über Maria und die Kirche (und über die Schöpfung!) aufeinander offen, die Übertragungen sind präzise.
[15] Ambrosius, Commentarius in Cantica Canticorum (PL 15, 1946f.).

ein Fest von einer Modernität, die wir größtenteils noch nicht eingeholt haben. Carl Gustav Jung, der Psychologe und Symbolforscher, hat die »leibliche Aufnahme Mariens in den Himmel« bei der Verkündigung 1950 mit seinem ganzen Schülerkreis als persönliches Fest begangen – die meisten, wie Jung selber, waren Protestanten. Jung hat das Fest damals eine instinktiv geniale Antwort der Kirche genannt, einmal auf die Menschenverachtung und die Wertlosigkeit des Menschen im letzten Weltkrieg, der ja erst fünf Jahre vorbei war, eine Antwort auf den Zynismus, mit dem menschliches Leben vernichtet oder in Experimenten pseudowissenschaftlicher Natur gequält wurde. Zugleich verstand er es aber auch als eine Antwort auf den Daseinsekel, der sich in der damals herrschenden geistigen Richtung, dem Existentialismus, ausbreitete: ein Daseinsekel, der sich bei Sartre, aber auch bei Camus ausdrückte in der Gestalt des sich nutzlos abmühenden Sisyphus, im »Geworfensein« in die Welt, ähnlich wie Tiere geworfen werden, im Nihilismus und in der Pseudocourage, das Nichts am Ende auszuhalten. Für Jung hat dieser Daseinsekel einen späten und vielleicht auch männlichen Zug: auf das zu spucken, womit man nicht fertig wird, den Selbstmord als letzte Selbsterlösung anzupreisen.

Stattdessen drückt dieses Marien-Fest Zustimmung aus: Zustimmung zum Leib, der eine Himmelfahrt vor sich hat und nicht die Höllenfahrt, nicht die Nachtmeerfahrt oder Fahrt ins Reich der Schatten, wie in alten Mythen, aber auch nicht die Auflösung in ein »gar nichts mehr«, wie im Nihilismus. Leib hat mit Himmel zu tun, nicht mit Hölle: »In meinem Leibe werde ich meinen Gott anschauen«, sagt Ijob.

Das Wort »Leib« steht im Zusammenhang des heutigen Festes auch für Sinnlichkeit, Vitalität, (An-)Triebe, für die ganze Reichweite des Lebens. All das, was auch die Zwiespältigkeit des Leibes ausmacht: Hinfälligkeit, Bremswirkung für das Geistige, Sterblichkeit, ist in dieser Himmelfahrt überwunden. Es ist überaus wichtig, daß dieses Auf- und Angenommenwerden an einer Frau geschieht: In ihr bildet sich ab die »Erde«, die Materie, die Schöpfung überhaupt, eben »Leiblichkeit«, was in der archetypischen Zuweisung, wie Jung erkannt hat, weiblichen Charakter trägt. Anders gesagt: In diesem Fest wird die Liebe Gottes zu allem, was unsere irdische Natur ausmacht, begangen. Nicht Verweigerung, Verdrängung, asketische Bändigung unseres Leibes steht zur Debatte, sondern seine versprochene Ganzheit = Heiligung. Wenn sich Plotin nach einem Zeugnis des Origines schämte, einen Leib zu haben, so könnte man hier von einem Fest der Freude am Leib sprechen.

Die Kirche hat mittlerweile unübersehbar Schwierigkeiten mit den Frauen, oder besser umgekehrt: Die Frauen haben Schwierigkeiten mit der Kirche. Dies hängt ohne Zweifel mit der heute neu zu bestimmenden und neu wahrzunehmenden Haltung zum Leib, zur Materie (!), zur Sinnlichkeit zusammen. Und darin eröffnet sich die Modernität des Festes, weil hier an einer Frau die aufgehobene Zweideutigkeit des »Fleisches« zum Vorschein kommt.

In diesem Rahmen wäre der Feiertag symbolisch und auf jeden übersetzbar zu begehen. Zugleich überschreitet er aber die bloße Symbolik, auch das bloß psychische Miterfahren-Können. Es handelt sich ja um die wirkliche »Aufnahme« einer Frau und nicht um eine nur »innerseelische« Auferstehung. Gerade die Wirklichkeit dieses Geheimnisses (und das Geheimnis dieser Wirklichkeit) ist ein tiefer Trost: Vorwegnahme und Einlösung eines Versprechens, das alle betrifft. Maria ist auch hier die erste Zeugin und eindringlicher betrachtet selbst der Grund dafür, daß Himmel und Erde in einer ungeheuren Spannung zueinander gehören. Vielleicht werden erst die kommenden Generationen die Einsicht ganz vollziehen, wie untilgbar und – ich bin versucht zu sagen – wie erotisch und wie wirksam der Bezug ist, den wir unter der schwachen Zuordnung »Himmel und Erde« oder »mit Leib und Seele in den Himmel aufgenommen« eher verbergen als offenbaren.

Die Einzigkeit Marias ist nicht exklusiv, vielmehr einbeziehend. Ihre Integrität ist ein Versprechen. Es wäre der Wahrheit gemäßer, statt nach Marias Biologie nach unserer Biologie zu fragen. Statt ihre Besonderheit zu bezweifeln, unseren Einheits-Durchschnitt zu bedauern. Statt ihre spannungsreiche Ganzheit logisch »aufzuknacken«, an unserem spannungsarmen Halbtod zu leiden. Solche

Vorgänge der Umdrehung gibt es, und es sind die eigentlich erregenden, wo das Begreifenwollen in ein Ergriffenwerden umschlägt. Eine Frau, die ganz sie selbst *und* ganz verwandt mit Gott ist, das ist doch das Unwiderstehliche. Nicht spekulativ, nicht erträumt, sondern ein unverdienter Vorschuß aller Theorie, eine Überbietung durch das Leben: *Sie* hat es gelebt und damit allen anderen in die Nähe gerückt. Und ihre Souveränität wird groß genug sein, alle Schreibtisch-Domestikationen zu gegebener Zeit zu sprengen.

»Der erste ist noch nicht am Ende damit, sie zu entdecken, wenn der letzte beginnt, sie kennenzulernen.« (Sir 24,28)

VIII. Mutter Natur – Sklavin Materie – Schöpfung
Über eine neue »Andacht zur Erde«

»Offenkundig falsch ist die Meinung derer, die sagen, für die Wahrheit des Glaubens sei es völlig gleichgültig, was einer über die Schöpfung denke, wenn er nur von Gott die rechte Meinung habe; denn ein Irrtum über die Schöpfung wirkt sich aus in einem falschen Wissen von Gott.«[1]
Naturfrömmigkeit ist heute in aller Mund und Herz wie wohl seit der Romantik nicht mehr. Sie bestimmt das Denken, das (politische) Handeln, die Wahlen, mehr noch: das Empfinden und eine Art janusköpfiger Sehnsucht, die in Zukunft wiedergewinnen will, was in der Vergangenheit einmal war. Was war: Hier ersteht die Erinnerung an ein nicht bloß unerschöpfliches, sondern sogar selbstheilendes System, an eine Überfülle selbstverständlich gewährter Gaben aus Händen, Busen, Schoß der Mutter Natur oder Mutter Erde.
Der Anlaß für diese Sehnsucht ist freilich bitter: Die Verletzungen und Erschöpfungen dieser unerschöpflichen Mutter – und ihrer zivilisationsgeschädigten Kinder – werden heute benannt und dem Bewußtsein fast schon unentrinnbar. Auch das Christentum wird beschuldigt, an dem Muttermord durch Fortschritt mitgewirkt zu haben (während es bisher meist umgekehrt als dessen größte Bremse bezeichnet wurde).
Was erwacht hier zum Leben, was meldet seinen Anspruch zu Recht oder Unrecht an? Unerwartet erscheint wieder eine heidnische Naturnähe, die der tiefsten vorzeitlichen Schicht unserer Herkunft entspringt. Mit großer innerer Stimmigkeit wurden hier die Vorgänge von Wachstum und Geburt, Reife, Abnehmen und Sterben mütterlich-göttlich-dämonisch empfunden. Bereits jetzt wird deutlich, wie wenig versunken ein solches Erleben ist. Denn nie ganz vergessen, im bäuerlichen Brauchtum oft überformt, immer aber mächtig anwesend, sind solche Muttergottheiten heute

[1] Thomas von Aquin, Summa contra gentes II, 3.

merkwürdigerweise für viele alternative Kreise eine neue Wirklichkeit, anziehender als die christliche Botschaft, die aus Unkenntnis oder Überdruß verblaßt. Worauf beruhen solche Wiederentdeckungen, und vor allem: zeigen sie irgendeine Wahrheit auf, die neu erworben werden sollte?

Greifen wir drei Verkörperungen der ewig sich wandelnden altjungen Göttin Natur heraus. In der Nikolaus-Kapelle des Wormser Doms stehen auf einem Sandsteinrelief drei anmutige »burgundische Königstöchter«, die auf der Flucht vor Attilas Horden erschlagen worden seien. Die drei überaus ähnlichen Jungfrauen mit Namen Embede, Warbede, Wilbede lächeln von einem Scheingrab herab; niemals war jemand unter dem Stein bestattet.[2] Ähnliches wird in Straßburg nachgewiesen, wo die drei Frauen aus dem Gefolge der heiligen Ursula stammen sollen; von Südtirol über Bayern bis ins Rheinland und nach Luxemburg gibt es etwa dreißig Kirchen mit ähnlichen Gräbern oder Altären dreier heiliger Frauen sagenhaften Geschicks und ungreifbarer Zeitlosigkeit. Manchmal treten sie als Fides, Spes und Caritas auf, in Meransen in Südtirol als Aubet, Cubet, Quere[3], in Schildthurn im bayrischen Landkreis Rottal-Inn als Einbeth, Wilbeth und Warbeth, in der St. Gallus-Kirche in Eichsel bei Rheinfelden als Kunigundis, Mechtundis und Wibranda. Eine andere Überlieferungsgruppe ist in Sagen erhalten, wo drei Königstöchter, drei »wilde« Frauen oder heidnische Fräulein, drei salige Fräulein, Helferinnen oder Heilrätinnen oder einfach Schwestern erscheinen. Außerdem gibt es Kinderreime, von denen zwei stellvertretend angeführt seien.

Schwäbisch
»Hotte, hotte, Rößle
in Stuegert stoht e Schlößle,
in Stuegert stoht a Dockehaus,
gucken drei alte Jungfern raus:

[2] Die Grabungen wurden durchgeführt durch Friedrich Illert, 1935, s. »Der Wormsgau«, II, 3 (April 1938), 105.
[3] Vgl. Karl Gruber, Aubet – Cubet – Quere. Die Wallfahrt zu den drei hl. Jungfrauen von Meransen, in: Arunda 6/1978.

die eine spinnt Seide,
die andere die Weide,
die dritte näht den roten Rock
für unsern lieben Herre Gott.«

Hessisch
»Sonnche, Sonnche scheine,
Maria Kathareine,
zu Frankfurt in 'em Boppehaus
gucken drei Marien raus:

die an' spinnt Seire,
die anner' dreht Weire,
die dritte schließt's Himmelche auf.«

Unterschiedlich und doch übereinstimmend wird in diesen sinnlos erscheinenden Reimen gesungen von drei alten Jungfern, drei Mareien, drei Madammen oder Docken oder Puppen oder einfach von drei alten Weibern.[4]
Was daran primitiv berührt, ist durch das heutige Nicht-Mehr-Verstehen verdunkelt; dringt man ein, zeigt sich etwas merkwürdig Sinnvolles.
Bei der Frage der Deutung läßt sich verweisen auf den vor allem im Rheinland bekannten keltisch-römischen Matronenkult; man kennt mittlerweile über 400 Inschrifttafeln, Altäre und Votivsteine mit drei Matronen, welche meist durch römische Kaufleute oder Soldaten im römischen Heer gestiftet wurden. Sein Ursprung reicht zurück bis in die alteuropäische Antike, die griechischen Moiren, die tres fortunae und tria fata, die Parzen und Nornen. Typisch für die Bildlichkeit der Matronen sind Füllhörner, Früchte oder runde Gegenstände, dazu »Hauben«, wobei auffälligerweise nur die beiden äußeren Gestalten solche Hauben tragen und die Figur in der Mitte unbedeckt bleibt.

[4] Weitere Beispiele bei Hans Christoph Schöll, Die Drei Ewigen. Eine Untersuchung über germanischen Bauernglauben, Jena 1936. Auf Schöll stützt sich im folgenden die etymologische Klärung der Ambet/Borbet/Wilbet-Gruppe.

Um an diesen Grundbestand nun deutlicher heranzukommen: Gerade die Wormser Fräulein lichten dieses Dunkel mit Hilfe ihrer Namen. Dieser Frauendreiheit ist ja eine zweite Worthälfte gemeinsam: »Bede« oder »Beth«. Damit hängt auch das Verbum »beten« zusammen, nämlich sich an die »drei Beten« richten. Beth ist abzuleiten von keltisch bit-u, lateinisch vivere, griechisch bios = immerwährend, ewig, lebendig. Die Beten sind also Verkörperung des immerwährenden, ewig sich erneuernden Lebens, und zwar eines Lebens des kosmischen Weltganzen: Welt und Ewigkeit in einem, unzerstörbar, unerklärbar, undurchdringlich geheimnisvoll. Die Dichte dieses frühen Sprechens faßt ja meist Dinge zusammen, die die spätere Bewußtseinsentwicklung trennt und damit auch entgegensetzt. Sinnliche Welterfahrung und religiöse Ewigkeitshoffnung sind aber hier noch dasselbe. Warum aber in dreifacher Gestalt?

Die unterschiedlichen ersten Worthälften führen zu der jeweiligen Sonderbedeutung der Beten. Ambet/Embede verweist mit der Silbe am/em auf altirisch anu = Göttermutter, keltisch andera = junges Weib, lateinisch annula = Mütterchen und anus = Greisin, althochdeutsch anà = Ahne, außerdem keltisch ana = Erde (vgl. ahd. angar = Anger, abgegrenzte Bodenfläche). Empfindungsmäßig sind in Ambet also vereinigt »Göttermutter« und »Erde«; wir haben in ihr die Personifikation der Erdmutter, aus der jahreszeitlich das Leben neu entspringt, in die es sterbend zurückkehrt, und worin auch der Leib der Toten zu neuem Leben bewahrt wird. Wilbet verweist mit der Silbe wil- auf das englische wheel = Rad, Rundform, Scheibe; auch (Reisig)Welle als rundes Bündel gehört hierher; wal bedeutet im Niederdeutschen die runde Scheibe des Vollmonds. Das skandinavische Julfest ist etymologisch abzuleiten aus jul = wheel und bedeutet also nicht, wie von Jakob Grimm angenommen, die Wintersonnenwende, sondern den Mittwintervollmond, und zwar das dort begangene Totenfest. Grimm bringt selbst ahd. huila = jul mit »der sich drehenden Zeit« zusammen, doch ist hier die Mond-, nicht die Sonnenzeit gemeint. Wil- wird so überhaupt zum Zeitmesser, wie es noch in den heutigen Wörtern Weile, Kurzweil, Langeweile, verweilen als Zeitangabe aufscheint.

Die Möglichkeit, den Mond zur Zeitbeobachtung zu wählen, liegt offensichtlich darin begründet, daß sein Wechsel so ausgeprägt ist. Zusammenfassend: Wilbet ist zu übersetzen als die Mondmutter, von der die Zeit, aber auch Geburt und Wachstum abhängen. Insbesondere muß sie, in Übereinstimmung mit den anderen alteuropäischen Mondgöttinnen, als die Schützerin gesegneter Frauen gelten, die in Geburtsnöten angerufen wird.

Warbede/Borbet als die dritte der göttlichen Frauen enthält in der Silbe bor- drei Bedeutungen vereint und verschränkt. Keltisch borm- entwickelt sich zu warm (griechisch thermos); zum zweiten heißt die Silbe altenglisch beorth, ahd. perahta und mhd. berht = leuchtend, glänzend, so daß die Berchta (perachta) der germanischen Mythologie die »Leuchtende« vorstellt. Die dritte Bedeutung steckt im ahd. por-, mhd. bor = Erhebung, Höhe (s. dt. empor, Empore). So ist Borbet die Göttin, die aus der Höhe strahlendes Licht und Wärme verbreitet: die mütterliche Sonne. Die ihr geweihte Stadt Worms = Borbetomagus birgt ja auch den Grabstein der drei »Königstöchter«.

In der Dreiheit Embede, Warbede, Wilbede sind also die drei mütterlichen Gottheiten Erde, Sonne und Mond verehrt.[5] Die gewonnene Deutung ist insofern besonders zum Nachdenken anregend, als die bisherige archetypische Geschlechterzuweisung – *der* Mond und *die* Sonne, oder, wie in den meisten europäischen Sprachen umgekehrt, der weibliche Mond und die männliche Sonne – hier noch nicht stattgefunden hat. Die Erstbestimmung beider Gestirne geht offensichtlich vom Mütterlich-Weiblichen aus. Ein anderer Forschungsanreiz: Der Angelsachse Beda schreibt um 700 in »De mensibus Anglorum« von einer »modranicht« oder »matrum noctem«, einer Nacht der Mütter, die acht Tage vor dem 1. Januar gefeiert wurde. Diese mittwinterliche Julfeier ist, wie erwähnt, als Sonnenwende gedeutet worden; die Beziehung Jul = Wil = Mond weist aber zwingend auf ein Mondfest hin. Aus den Überlieferungen Bedas ist auch deutlich, daß es um ein Ahnen- oder

---

[5] Das würde erklären, weshalb auf den »Matronensteinen« nur zwei der Sitzenden eine »Haube«, nämlich Mond und Sonne auf dem Haupt tragen, während die Erde »unbedeckt« bleibt.

Totenfest geht, das unter der Leitung der Mondmutter als Totenführerin gefeiert wurde. Die zwölf Rauhnächte, in denen das »wilde Heer« durch die Lüfte tobt, könnte auch als »Wil-Heer« gedeutet werden, das von Wilbet geleitet mit Gesang und Musik durch die Fluren und Wälder zieht, während zuhause am Herd Opfergaben für die Toten bereit liegen, ja der Herd nach alter Überlieferung nicht erlöschen darf, um die einkehrenden Ahnen mit Licht zu erwarten. Mit ihnen war Segen, Fruchtbarkeit, Weiterleben des Geschlechts für das kommende Jahr zugesagt.

Die genannten Bezüge sind nur das Kernstück einer verschütteten Überlieferung. Überaus Reiches und Vielfältiges ließe sich noch zur Verehrung der drei mütterlichen Gottheiten anfügen, nicht zuletzt ihre Bindung an bestimmte Orte wie »heilige Berge«, Flußschleifen und ähnliches. Auch die Anlage oder Benutzung unterirdischer Stollen und Höhlensysteme zu Kultzwecken sei hier nur erwähnt; in allem zeigt sich die Erdhaftigkeit oder Anwesenheit der göttlichen Mächte im Irdisch-Greifbaren, und es gibt offenbar keinen wesentlichen Vorgang im menschlichen Leben, das Sterben einbegriffen, in dem nicht die kultische Einbindung in das kosmische, »mütterliche« Geschehen gegenwärtig ist.

Wie läßt sich mit den gewonnenen Ergebnissen umgehen? Sollte man dies alles hervorholen als Museumsstücke und wieder ins Archiv des Gewußten zurücklegen? Handelt es sich um »Wahrheiten für andere«, wie Hegel formuliert? Zunächst: Erinnerungen dieser Art sind nicht etwas Beliebiges, das man heraufholen und wieder ablegen kann; selbst wenn sie unbewußt blieben, wären sie »da« – durch die Tiefenpsychologie ist ja deutlich geworden, daß auch und gerade das wirkt, wovon man nichts mehr weiß, und daß es die eigenen unbewußten Kräfte sind, die jeden am tiefsten bestimmen. Es ist nun nicht die Aufgabe, dieses »Kellergeschoß« rational leerzuräumen, sondern »Herr oder Herrin im eigenen Hause zu werden«, nämlich Einsicht zu gewinnen, was an Tiefenbestand vorhanden ist. Er ist ja durchaus nicht »gemacht«, sondern aufzufinden, so wie die Droste beim Fall in die »Mergelgrube« die Erdschichten der Vorzeit fand und ahnungsweise darin die Abgründe ihrer eigenen Seele vermutete (wozu tatsächlich Mut gehört). Denn es finden sich bei einem derartigen Abstieg, wie die Tiefenpsychologie unseres Jahrhunderts entdeckte, Kollektiv-Träume und -Deutungen, Archetypen: Wirklichkeit zeigt sich in diesen geprägten Formen, die in uns aufsteigen und die wir weder verhindern noch befördern.

So sind die vorgestellten mütterlichen Gestalten Archetypen: Erde, Sonne, Mond in weiblicher Form. Warum gerade drei Frauen? Wieder sind wir in jener »verlorenen Zeit«, in der Welt der tiefsten Vitalbeziehung, derjenigen von Mutter und Kind. Wieder sind wir in der – bereits geschilderten – Frühzeit der Ichferne und des sippenhaften Wir-Gefühls, der Seelenwanderung, der Zeit- und Raumlosigkeit, der ewigen Wiedergeburt mit dem Frühling, des ewigen Absterbens im Herbst – ein Leben und Sterben, das die Mutter gleich-gültig verwaltet, selbst Vertreterin der Lebens- und Todesgöttin und aller lebendigen und tötenden Kräfte des Kosmos. Es ist die Zeit des Lebens in der Höhle, nächtlich-dunkel, im bergenden Mutterschoß der Erde; die Zeit der Nachtfeste, der Mondmonate, nach denen ein ewig gleicher Ablauf gemessen wird; dazu gesellt sich ergänzend, aber durchaus nicht bestimmend die Sonne als Erwärmerin des kosmischen Eies. Allgegenwärtig, allmächtig bergen die drei Frauen Leben und Tod in ihrer Hut, mütterlich in bedrängender, dichter Gegenwart.

Hier ist *alles* im Machtbereich des Numinosen, jederzeit besetzbar/ besessen vom Dämonisch-Göttlichen. Tremendum et fascinosum, um Rudolf Ottos Ausdruck zu gebrauchen, ist auch die große gestaltlose Mutter. Alle Differenzierungen sind spätere Leistungen: die Unterscheidung von Göttlichem, Dämonischem und Menschlichem, von zeitlich nicht umkehrbarem Ablauf, von räumlicher Trennung, überhaupt von Ursache und Folge. Sehr erhellend ist deswegen die Beobachtung, daß in der Silbe am- die Bedeutungen »junge Frau«, Ahne« oder »alte Frau«, »Erde«, »Gottheit« ungetrennt gegenwärtig sind; daß das Julfest als Fest der Mondfrau sowohl eine Ahnen- und Totenfeier wie eine Feier der Lebenden ist, weil die Toten gar nicht jenseitig-abgeschieden, sondern auf der Erde anwesend empfunden werden, die Lebenden heimsuchen oder sogar in der Geschlechterfolge sich immer neu verkörpern. Auch Vergangenheit und Zukunft im voneinander geschiedenen Sinn gibt es so nicht: denn der Zeitenfluß ist immer ein Kreislauf mit Wiederkehr, worüber schon der Jahresrhythmus belehrt. Allein sprachlich läßt sich die Bedeutungsdichte vieler indo-europäischer Wörter aufweisen, wobei der karge Wortschatz genau die Außenseite einer inneren Beziehungsfülle darstellt, die erst in der späteren Entwicklung in die heutige Vielzahl von Facetten aufgefächert und damit auch vereindeutigt wurde.

So ist das Verhältnis des Menschen zur Mutter Natur oder den drei Müttern selbst nicht ohne Zweideutigkeit, besetzt vom Vertrauen zu ihrer Fruchtbarkeit, aber auch gebannt von der Angst, sich an ihnen zu verschulden, indem er sich nimmt, was ihm nicht gehört. Jede Jagd, jede Ernte muß erbeten und »bezahlt« werden (Jagdzauber und Erntedank als Verpflichtung besonders der Frauen!). Eingreifen heißt schuldig werden; erhalten meint zurückgeben. Daher die gewaltige Bedeutung des Opfers in den *Natur*religionen: immer geht es um Freikaufen und Bezahlen, und dies nie endgültig, vielmehr im selben Kreislauf mütterlicher Gabe und Rückforderung.

Magisches (Un)-Bewußtsein ist Ausdruck eines Weltgefühls, das man nicht ablegt, sondern das zeitlos gegenwärtig bleibt, auch wenn es absinkt oder, besser gesagt, nie in die Höhe des Überlegten und Überlegenen gerät. Die magische Welt wird durch alles Spätere geordnet, überbaut, revidiert und das heißt vor allem differenziert und in einem genauen Sinne »gerichtet«, verurteilt und recht gemacht. Trotzdem *bleibt* die Macht des Magischen unten, bildlich »im Dunkel«, was auch in der Tat der ihr gemäße Zustand ist, der, wenn er ungebändigt nach oben drängt, zerstörerisch wirken kann. Viele der heute hochkommenden »Überschwemmungen aus der Tiefe« sind nicht einfachhin schon befreiend, sondern in der Grundanlage zweideutig (dies sehe ich z. B. in der kretischen Labrys, der Doppelaxt, oder dem Schlangensymbol als selbstgewählten Zeichen mancher Feministinnen); die ausdrückliche Ambivalenz dieser Zeichen muß sehr wohl im Blick behalten werden: Es geht um Klarheit und nicht um Naivität des Zurückgreifens.

Jede Religion, auch die jüdische Überlieferung im Alten Testament, kennt Magisches und versucht es zu bändigen, weil es dem fortschreitenden Klarwerden des Menschen über sich und die Welt wie über Gott nicht genügt. Im Laufe der Geistesgeschichte aber sind wir, wie ich meine, mittlerweile am Ende eines langen und durchaus nicht unrichtigen oder nur beklagenswerten Ablaufs angelangt, in dem das Magische so gebändigt wurde, daß es gedemütigt und »böse« erscheint. Heute könnte die Zeit gekommen sein, den verlorenen oder abgedrängten Zusammenhang wieder zu eröffnen und durchschaubar (transparent) werden zu lassen – was einen ungeheuren und zumindest anfänglich un-heimlichen, nicht vertrauten Vorgang bedeutet. Das heißt nicht – und hier wäre entschiedener Widerstand angemeldet –, alles an Differenzierungen, an Richtigkeit und an Wahrheit Gewonnene wieder auf das Magische einzuebnen, sondern alle diese Entwicklungen des Unterschieds sind mit dem magischen Anfang, dessen Stärke das Eins-Gefühl ist, lebendig zu verbinden.

Hier ist die Stelle, vom christlichen Bewußtsein zu sprechen, das ja eine andere und, von der Offenbarung her gesehen, sogar *ganz* andere Helle und Intensität der Einsicht bedeutet. Es ist die Einsicht, der wir im tiefsten die Lösung aus der Blutsbindung, dem bloß Naturhaften, und den Gewinn der Personalität (als jeweils eigener Antwort auf einen unverwechselbaren Anruf) verdanken. Denn in der Offenbarung ist die Mutter-Dämonin entzaubert, Mutter Natur ihrer Mächtigkeit entbunden; Bonifatius fällt die Donareiche – Schreckbild aller Naturschützer, Sinnbild aber des Freigelassenen. Nicht nur wird die alte, selbstherrliche Natur nun zur Schöpfung, in der Genesis sechsmal »gut« genannt, sie wird auch – in göttlichem Auftrag! – dem Menschen dienstwillig. Die Souveränität der hell-dunklen Göttin geht nun auf den Menschen selbst über: Er wird der Schöpfung gegenüber erstmals frei. Und als ihre Spitze ist er zugleich für sie verantwortlich: Er muß sie ordnen, ein Auftrag, der übrigens gleichermaßen an Adam wie an Eva ergeht. Augustinus hat in seinen »Bekenntnissen« eine Heerschau der alten Gottheiten vorgenommen, in der noch die Erschütterung des Abschieds, aber auch der Reiz der Entbindung hörbar wird:

»Was ist Gott? Ich fragte die Erde, und sie sagte: Ich bin es nicht; und was immer sich auf ihr befindet, bekannte dasselbe. Ich fragte das Meer und die Abgründe und alle sich bewegenden lebendigen Seelen, und sie antworteten: Wir sind nicht dein Gott; suche über uns. Ich fragte die wehenden Lüfte, und die ganze Luft mit ihren Einwohnern antwortete: Anaximenes täuscht sich; ich bin nicht Gott. Ich fragte den Himmel, die Sonne, den Mond, die Sterne; sie antworteten: Auch wir sind nicht Gott, den du suchst. Und ich sprach zu allen, die vor den Türen meines Fleisches stehen: Sagt mir etwas von meinem Gott, was ihr nicht seid, sagt mir etwas von ihm. Und sie riefen mit lauter Stimme aus: ›Er selbst hat uns gemacht‹.«[6]

Wenn der »alte« Mensch sich durchaus noch nicht als Spitze des Ganzen empfand, vielmehr Tier, Pflanze und Stein tief verwandt und nahe, so konnte er sich in Fluch und Zauber der Metamorphose in sie verwandeln, im ewigen Gestaltreigen alle Konturen annehmen und abgeben (ein Lebensgefühl, das Giordano Brunos Pantheismus um 1600 noch einmal neuzeitlich hervorbringt). In Augustinus ist nun die Umkehrung dieses Bezugs deutlich, weil Schöpfer und Schöpfung nicht einfachhin dasselbe sind. Das pantheistisch-magisch Unmittelbare der frühen Weltwahrnehmung ist abgelöst von einem Gegenüber, einer Begegnung, ja von jenem Paar, das mit Bräutigam und Braut verglichen wird. Religionsphilosophisch erfolgt damit die Befreiung vom Eingebundensein in die Erde, vom Unterworfensein unter den unbewußten Vitalkonnex alles Materiellen (!), von der Außenbindung an Blut, Sippe, Kollektiv, die ebenso eine Bergung wie eine Auslieferung meint.

Sowohl mythisch wie geistesgeschichtlich ist die Lösung aus dieser Mutterbindung (die hier nicht individuell, sondern religiös-allgemein zu verstehen ist) als eine Befreiung zu beschreiben, ohne die eine Selbstwerdung nicht erfolgen kann. Bildlich und in der Erfahrung entspricht diesem Vorgang die Gegenüberstellung der (weiblich-mütterlichen) Schöpfung zu dem (männlich-väterlichen) Schöpfer; es ist dieser »Vater«, der die Ansprüche der »alten«

---

[6] Augustinus, Confessiones, X, 6,9.

Verwurzelung, Bergung und unpersönlichen Kindlichkeit durch die »neue« Richtung auf das Geistige, mithin Verantwortliche, einzeln und persönlich zur Antwort Befähigte aufhebt. Erst also in dieser Trennung und gleichzeitigen Zuordnung von Schöpfer und Schöpfung wird das möglich, was wir in unserer sowohl glaubensmäßigen wie kulturellen Überlieferung als Freiheit, Selbstbewußtsein, Personalität, Identität bezeichnen.

Dieser ungeheure Vorgang kann freilich »entgleiten« und damit falsch werden. Das geschieht, wenn die Schöpfung selber unwert, vorläufig, Knecht oder Magd im schlechten Sinne wird, wenn alle Leiblichkeit, Sinnlichkeit, »Fraulichkeit«, alle Materie als bloßer »Schatten« des Eigentlichen verneint wird. Das ist eine Richtung, die in allen Hochreligionen und in jeder rationalen Aufklärungsbewegung gleichermaßen zu beobachten ist und die natürlich darin ihre Stütze findet, daß der Todesaspekt der Schöpfung und »alles Fleisches« unübersehbar und beklemmend ist. Der Buddhismus etwa entwickelt aus dieser Unbegreiflichkeit des Sterbens eine Philosophie des Nichts, an die täglich eine angeschlagene Glocke erinnert, »diese Glocke, die so bitterlich Nein! sagt«.[7]

Davon war auch das Christentum nicht ausgenommen. Wahrscheinlich ist der Weg zwischen Selbstgewinnung durch Freigelassensein und Selbsterlösung durch Verachtung des »Irdischen« haarnadelscharf. Das letztere liegt ohnehin dem Aktivismus und der Eitelkeit des einzelnen näher. Trotzdem wäre es eigentlich genau das Christentum, und zwar gerade mit seiner jüdischen Wurzel, das dieser Verachtungsmentalität entgegentreten könnte. Und da sich in der Verneinung des »Irdischen« archetypisch gesehen die Verneinung des Weiblichen ausdrückt (dies kann sowohl durch den Mann wie durch die Frau geschehen), wäre es wesentlich das Christentum, wiederum in seiner jüdischen Wurzel, das diese Unwerterklärung am deutlichsten zu »richten« hätte.

Das berührt mit großer innerer Stimmigkeit auch die heutige Frage nach einer Ausnutzung und Übernutzung der Schöpfung durch einen Herrn, der sie nur als anonymes Gegenüber sieht, als den

---

[7] Paul Claudel in Erinnerung an Laotse, in: Klara Marie Faßbinder (Hg.), Passion und Ostern bei Paul Claudel, München 1966, 16.

Hohlraum seines Austobens, als den »Vorwurf« (Ob-jekt) und den Widerstand, den es zu brechen gilt. Wie erwähnt: Francis Bacon, einer der Väter der neuzeitlichen Naturwissenschaft, wird als Programm formulieren, man müsse die Natur auf die Folterbank des Experimentes legen, um ihr ihre Geheimnisse abzupressen; Kant wird das Bild der Richterin Vernunft verwenden, die die Dinge unter Anklage stellt. Erst in unseren Tagen wird die Überheblichkeit dieser Vergleiche spürbar, vielleicht sogar spürbar aufgezwungen. Aber auch hier sind wir »Spätlinge«, wie Heidegger formuliert, denen diese Überheblichkeit nicht nur intellektuell, sondern auch praktisch gelingt, im großen Maßstab. Denn, nicht zu vergessen: In vielen Jahrhunderten menschlicher Gestaltung der Erde ist zunächst Bedeutendes geschaffen worden – aus der Übermacht der Naturmächte entstand in einem Bändigungsprozeß, insbesondere im Abendland, die »urbane Natur« oder »kulturelle Natur«, jene geglückte Balance nämlich von menschlichem und natürlichem Werk, die Europa im Grunde zu einem riesigen Park machte. Die bloß »grüne Natur« ist längst einem menschlichen Lebensraum gewichen. Erst seit dem 19. Jahrhundert ist diese Balance aktiv aufgehoben: der Absicht nach schon vorher, wie Bacons und Kants Sätze zeigen, aber der Wirksamkeit nach jetzt im bedrohlichen Maße.

Insofern scheint es notwendig, heute etwas Moderneres als die Aufklärung einzuleiten, worin das Verlorengegangene oder Verdrängte wieder eine Bedeutung zugewiesen erhält, aber nicht einfachhin die alte, sondern eine bisher erst undeutlich verwirklichte, gedachte, gelebte. Dem Christentum kommt dabei eine gar nicht tief genug zu sehende Schlüsselrolle zu, besser gesagt eine Aufgabe. Diese Aufgabe wird es allerdings nur wahrnehmen, wenn es ihm bzw. allen gelingt, die Frau in einer neuen Weise auszusagen und sie zu ihrer eigenen Aussage zu veranlassen. Und hier wird die Erinnerung an die »drei Ewigen« des magischen Erlebens sinnvoll, führt uns gewissermaßen als den »spätesten Spätlingen« (Heidegger) Blut zu. Es wird sich außerdem bemerkenswert zeigen, daß das Christentum oft schon, auf der jeweils gemäßen Stufe, das Vorangehende oder Zugrundeliegende einzubeziehen suchte, wobei es überformt und neu gedeutet wurde (was die legitime Art jedes Weiterdenkens ist). Die Frage ist nur, wann diese Überformung undurchlässig, undurchsichtig und damit steril wurde, was freilich für eine Vielzahl von Gebräuchen leider zutraf, auch im kultischen Raum. Trotzdem ist das Wegschneiden von Gebräuchen eben auch ein Wegschneiden von verdecktem Inhalt, so daß die bloße Reinigung im Sinne der »Vergeistigung« des kultischen Vollzuges zuweilen nichts anderes als Leere hinterläßt.

Im folgenden einige Aufweise christlicher Überformung, Neudeutung und integrativer Weiterführung des entfalteten magisch-mythischen Bestandes.

Hier ist an erster Stelle die Gestalt »Unserer Lieben Frau« zu nennen, die in ihrer Erlebenstiefe in den genannten Boden hinabreicht. In ihr treffen sich die Überlieferungen aller drei »Mütter«: der samstäglichen Erdmutter, wie sie als »Madonna im Ährenkleid«[8] (ohne Kind!) oder in den »schwarzen Madonnen« vieler ältester Wallfahrtsorte angerufen wird; der sonntäglichen Sonnenfrau, wie sie – in der Apokalypse beschrieben – künstlerisch in dem sie ganz umkleidenden Strahlenkranz vorgestellt wird; schließlich der montäglichen Frau, den Mond zu Füßen[9], Sterne über dem Haupt oder auf dem Mantel, der zugleich als Himmelszelt ausgespannt ist. Die ungeheure Verdichtung der drei segnenden Mütter in Maria, einer einzigen und geschichtlichen Frau, ist ein großartiger Hinweis darauf, wie Maria in der instinktsicheren Ausdeutung der frühen Theologie Schöpfung überhaupt vergegenwärtigt, und zwar die Schöpfung in ihrer erst-erlebten dreifachen Anschaulichkeit in Erde, Sonne, Mond.

Die Frage, die sich auch bei den weiteren Beispielen der Überformung stellt, was heute unter neuen Anforderungen daran neu zu denken sei, wird abschließend (oder eröffnend) versuchsweise zu beantworten sein.

Notwendig zu erwähnen sind hier ferner die Dreifrauengruppen

---

[8] Vgl. Rudolf Berliner, Zur Sinnesdeutung der Ährenmadonna, in: Die christliche Kunst 26 (München 1929/39), 97–112.
[9] Vgl. K. Hübner, Maria auf der Mondsichel. Ihre Darstellung im Spiegel von Kunst, Kultur und Weltanschauung, 1938.

der christlichen Kunst und der Legende, aber auch der eigentümlichen Zusammenstellung von geschichtlichen Frauengestalten, die in ihren Lebensdaten sonst weit auseinanderliegen. Hier spielt das Paradigma der »drei Mütter« in mancherlei Umformung eine unerkannte Rolle (möglicherweise auch bei den im Mittelalter häufig dargestellten »drei Frauen am Grabe«, deren Geschichtlichkeit sich in das vorhandene archetypische Erleben einpaßt).
Als wichtige Gruppe seien angeführt die »drei Jungfrauen« unter den vierzehn sonst männlichen Nothelfern, deren Verehrung im 14. Jahrhundert zur Zeit der schwarzen Pest aufkam. Die Frauen Katharina, Barbara und Margarete, die in ihren geschichtlichen Daten miteinander nichts zu tun haben, stehen seitdem in unzähligen Altären und im Brauchtum als eine Einheit zusammen. Tatsächlich werden sie in Jahren schwerster Bedrängnis, nach Mißwuchs und Seuchen, für die erneute Fruchtbarkeit der Frauen und der Felder angerufen. Sichtlich bewahrt die Verehrung der drei heiligen »Madl«, besonders ausgeprägt in Süddeutschland, den ursprünglichen Bezug zu einer »Mütterdreifaltigkeit«.
Ein letzter und schwierigster, aber auch besonders zur Klärung verpflichtender Bezug: unter den symbolischen Darstellungen der Trinität finden sich neben (neutralen) geometrischen Figuren auch bildliche, wie die drei Hasen mit zusammengewachsenen Ohren in Paderborn. Hier ist die Zugehörigkeit dieses »heiligen Tieres« zu den drei Frauen, besonders zur Fruchtbarkeit, offenkundig. Schließlich findet sich in der Kirche zu Plüderhausen in Württemberg sogar ein gotischer Schlußstein im Chorgewölbe mit drei nackten Frauen, die sich jeweils an den offenen Haaren und einem Fuß haltend einen Reigen bilden: ein Dreifrauenstein an einer schon vorchristlichen Kultstätte. Angemerkt sei noch die heute nicht mehr geübte Sitte, am Dreifaltigkeitssonntag Kräuter zu weihen (jetzt auf die Himmelfahrt Mariens verschoben) – unschwer erkennt man darin die Heilkräuter der drei Helferinnen.
Diese Aufzählung ist nicht lückenlos; gerade örtliche Überlieferungen verraten hier noch reizvolle Einzelheiten.

Was bedeuten diese Erinnerungen, wenn sie noch einmal in das Licht der Theologie gehoben werden? Die dreifache Mütterlichkeit der Welt, wovon das vorchristliche Naturempfinden so erfüllt und auch gebannt war, ist heute zu achten als die Weise, in der Gott in der Schöpfung offenbar wird. Es ist hoffentlich genug gezeigt, daß dies nichts mit einem Rückfall in Magisch-Unbewußtes zu tun hat. Aber überaus zu tun hat es mit einem Zulassen und Hereinlassen der in dieser frühen Phase grundgelegten »Andacht zur Erde« (Ida Friederike Görres). Eine ganzheitliche christliche Theologie wird die Urerinnerungen an die mütterlichen Kräfte nicht mit dem traurigen Nein auslöschen, das beim Herausarbeiten aus dieser religiösen wie bewußtseinsmäßigen Mutterbindung nötig war. Und sie wird zugleich den Vergewaltigungscharakter bloß funktionalen Vernutzens der Natur warnend kennzeichnen.

Letzteres geschieht bereits weithin, aufgrund der wachsenden Erfahrung und der wachsenden Trauer über die sichtbaren Schäden. Vor diesem gefährlich sich verdunkelnden Hintergrund aber scheint sich eine neue Fehlentwicklung einzuleiten: die Vision der Allmutter Natur, grün gewandet, all-heilend, unpersönlich, übermächtig und mit ihrer alten Souveränität diesmal den Menschen vernichtend, weil er als Störfaktor in ein sonst gutes Ganzes eingedrungen sei. Tatsächlich gibt es diesen unterschwelligen Wunsch: die Vernichtung des Menschen zugunsten der Natur – primitiv wirksam auch in der Abtreibungsdebatte, die sich für Kastanienbäume statt für Kinder noch vor kurzem aussprach. Anspruchsvoller und deswegen verführerischer aber folgende Zeilen: »Die Welt ist schön, und darin liegt alles beschlossen. Ihre große Wahrheit, die sie geduldig lehrt, lautet, daß der Geist nichts ist und nichts das Herz. Und daß der Stein, den die Sonne erwärmt, oder die Zypresse, die der wolkenlose Himmel übergroß erscheinen läßt, die einzige Welt abstecken, in der ›recht haben‹ einen Sinn gewinnt: die Natur ohne Menschen. Diese Welt vernichtet mich.«[10] Oder ein zeitgenössischer poetischer Traum: »Siehe, der Mensch wird abge-

---

[10] Albert Camus, Tagebuch Mai 1935–Februar 1942, Reinbek 1963, 59.

hen von dieser Erde / und aus sein in allen seinen Werken. / Hinter ihm wird der Boden erröten in / Scham und Fruchtbarkeit. / (...) Die Erde wird unbemannt sein und aufblühen. / Die gefesselte Hoffnung, befreit von jeglichen Propheten, / wird erlöst sein und in der Stille reichlich wirken. / Frachtlos wiegt sich das Meer. / Unbetreten wandert das Land und spielt an hohen Blumen die Luft.«[11]
Es ist heute an der Zeit, die jüdisch-christliche Beziehung zwischen Schöpfer und Schöpfung genau vor dieser Versuchung vom Abtreten von der (mißhandelten) Bühne neu wahrzunehmen und auszulegen. Daß »der Geist nichts ist und nichts das Herz« – stattdessen wäre gerade die Aufgabe des Geistes und des Herzens für die Gestaltung (allerdings nicht für die Knebelung) der Welt zu konturieren. Und hier hätte das neu aufgegriffene Reden von den alterfahrenen mütterlichen Kräften der Schöpfung seinen Sinn, müßte sogar entschieden ernst genommen werden. Denn christlich gesehen ist die Schöpfung ein Viertes in der Zuordnung zu dem Dreieinen, aber in dem delikaten und unaussprechlichen Sinn, in dem ein solcher Satz nicht gepreßt und simpel verstanden werden darf – z. B. nicht im Sinne der diffusen »Quaternität« eines diffusen Wassermann-Zeitalters. In demselben delikaten und unaussprechlichen Sinn hat die Schöpfung ein Antlitz, eine personale Struktur, und ist nicht nur die Anhäufung physikalischer und chemischer Prozesse in einer »Jauchegrube«, wie es schon der Pantheist Giordano Bruno als unwürdig empfand. Hier liegt auch die weithin im kirchlichen Raum noch unerkannte Bedeutung Teilhards de Chardin, etwa in seiner unglaublichen Vision der Schöpfung als einer Person, mehr noch: einer Frau[12].
Das Vertrautwerden mit einer solchen Wahrheit überwindet die alten Bannungen ebenso wie die gewalttätige Vernutzung. Die dazu notwendigen Gedanken mögen gar nicht einmal lauter neue Be-

---

[11] Botho Strauß, Szenen, Marokko, in: Spectaculum 33, Frankfurt 1980, 70.
[12] Teilhard de Chardin, Hymne an das Ewig Weibliche, übers. v. Hans Urs von Balthasar, mit Kommentar von Henri de Lubac, Einsiedeln 1968. – Vgl. dazu den wichtigen Aufsatz von M. Magdalena Stoltz, Zum ›Ewig-Weiblichen‹ bei Teilhard de Chardin und Goethe, in: Acta Teilhardiana 8,2 (1971), 49–84.

hauptungen sein, sind vielmehr aus der Schatztruhe alter christlicher Geistigkeit hervorgeholt. Trotzdem scheint es die unserer Zeit erneut und anders gestellte Aufgabe zu sein, die Hinweise der göttlichen Gegenwart in der Schöpfung über zwei Fehlformen hinaus zu beantworten: weder mächtig-unbewältigt noch technokratisch. Denn der Dreieine ist der Schöpfung – frei und freilassend – gegenübergetreten *und* zugleich in sie eingegangen, in der Inkarnation nämlich. In diesem Paradox, deutliche (und nochmals: freie) Unterschiedenheit und bräutliches Zueinander, spielt sich die ganze Frage ab. Gott und Schöpfung sind verschieden, aber nicht der Dualität (oder Rivalität) wegen; und: Gott ist seiner Schöpfung im Eigensten verbunden, unauflöslich. Wenn Gott »im Anfang« Himmel und Erde erschafft, so ist das hebräische »bereshit« (im Anfang) sprachlich ein weibliches Adverbiale der Zeit, betont also von vornherein den weiblichen Grundcharakter alles Geschaffenen, auf dem sein Geist, die ruach, ruht. Und entscheidend ist, daß die Weisheit Gottes selbst in dieser Schöpfung ihre Wohnung nimmt, ja daß es ihre Lust ist, bei den Menschenkindern zu sein, wie es das Weisheitsbuch in immer neuen Anläufen hervorhebt. Und wenn Johannes in seinem Prolog das herausfordernde Wort »sarx«, »verderbliches oder verwesliches Fleisch«, für die Inkarnation Jesu gebraucht, so ist damit das rückhaltlose Eingehen Gottes in diese Materialität gemeint, ja in ihr helldunkles Gemisch. Dies ist einer spiritualistischen Theologie ebenso unverdaulich wie seine Bindung an ein Nest namens Nazareth, seine Lebensspanne (und sein Tod!) innerhalb einer gewissen Zeit und seine blutsmäßige Zugehörigkeit zum Judentum. Dies sprengt die Fleisch-Verachtung, Natur-Verachtung anderer Traditionen von vornherein. Vielleicht ist das Problem beim aufmerksamen Nachdenken über die heutige Bedrängnis so zu formulieren: Es gilt, die Natur nicht bloß als Natur, sondern als Schöpfung wahrzunehmen. Damit sind die »alten Mütter« nicht verschwunden, sie lösen sich in dem bezaubernd jugendlichen Antlitz der Schöpfung ein.[13]

---

[13] Geheimnisvoll verwandt mit der Personifikation der Schöpfung ist auch die Personifikation der Weisheit, die in Judentum wie Christentum als Frau in

Um mit den Worten einer Frau zu schließen, die das Leben der Schöpfung aus dem Geist und mit dem Geist auf fast bedrängende Weise wahrgenommen hat, nämlich der »Prophetin« Hildegard von Bingen:

»Ich, das feurige Leben der Gottwesenheit, flamme dahin über die Schönheit der Felder. Ich leuchte in den Wassern. Ich brenne in der Sonne, im Mond und in den Sternen. Und mit dem wehenden Winde – wie mit unsichtbarem Leben, das alles trägt – erwecke ich alles lebengewaltig. Denn die Luft lebt im Grünen und Blühen. Die Wasser fließen, als ob sie lebten. Auch die Sonne lebt in ihrem Lichte, und der Mond, wenn er abgenommen hat, wird vom Licht der Sonne entzündet, daß er wie aufs neue lebe. Auch die Sterne leuchten wie lebendig in ihrem Lichte. Die Säulen, die den ganzen Erdkreis umfassen, habe ich aufgestellt, und die Winde, die die ihnen untergebenen Flügel – die linderen Winde – haben, damit sie

schönster Jugend auftritt. Die Überlieferung der Jahrhunderte hat dieses schwierige und unerschöpfliche Thema der chokma/sophia/sapientia mit einer Fülle von Deutungen begleitet, die im letzten selbst unerschöpflich bleiben. Im Judentum ist die chokma nahe verwandt der Gestalt der schechina, der Einwohnung Gottes unter seinen Kindern, die auf Erden umherwandert, bis das Reich erfüllt ist. So ist chokma/schechina gleichsam die Leiblichkeit Gottes, seine Diesseitigkeit in weiblich-verhüllter Gestalt. Auch im Christentum ist dieses Bild geläufig und mit dem Bild der Schöpfung innig verwandt empfunden. Abgesehen von den patristischen Texten sei auf einen unbekannten Traktat vom Anfang des 16. Jahrhunderts verwiesen. Juan Luis Vives, spanisch-jüdischer Humanist und Christ, schreibt aus seiner Kenntnis der Kabbala und der Bibel: »Als Gott die Welt und die Gestalt des Universums, das sich dauerhaft von einem Ende zum anderen erstreckt, wunderbar einrichtete und dem Ungeformten die Form, dem Ungeordneten die Ordnung und den Ort gab, war nämlich ein allerschönstes Mädchen dabei, das man bald die Weisheit Gottes, bald die Wahrheit Gottes, bald das Wort Gottes und auch Gott selbst nannte.« (Juan Luis Vives, In suum Christi triumphum praelectio, quae dicitur Veritas fucata, in: Opera omnia VII, 102f.: »Haec est descriptio atque imago mulieris fucatae, ad cuius speciem cacodaemones quidam (nam homines vix possim eos appellare) nobilissimam veritatem fucarunt; fuit enim, quum Deus mundum, et hanc universi faciem, attingens a fine usque ad finem fortiter, suaviter disponeret, rudibus formam, confusis ordinem, sedesque daret, quaedam formosissima puella, quam tum Dei sapientiam, tum Dei veritatem, tum Dei verbum, Deum quoque ipsum appellant.« Daß die chokma/sapientia/sophia eines tiefen religionsgeschichtlichen und theologischen, aber auch meditativen Durchdringens noch harrt, ist deutlich. In jedem Fall ist klar, daß sie auch eine Theophanie ist, in engstem Zusammenhang mit der Schöpfung (die selbst in der Gestalt der Weisheit verkörpert werden kann).

mit ihrer Gelindigkeit die stärkeren zurückhalten, daß sie nicht gefahrvoll sich offenbaren. (...) In all diesen bin ich verborgen, die feurige Kraft: sie brennen von mir, wie der Hauch (die Seele) den Menschen kraftvoll in Bewegung bringt, und wie im Feuer die wehende Flamme ist. Sie alle leben in ihrer Wesenheit und werden nicht im Tode erfunden, denn ich bin das Leben, (...) das unversehrte Leben, das nicht von Steinen gebrochene, nicht aus Zweigen erblühte, nicht aus Manneskraft entsproßte, sondern alles, was lebt, hat seine Wurzel in mir.«[14]

---

[14] Zit. nach Maura Böckeler, Das große Zeichen, Salzburg/Leipzig 1941, 57f.: Hildegard von Bingen, Liber divinorum operum 1,1 (PL 197, 743).

IX. Gott – Vater und Mutter?
Der Anspruch der beiden Testamente

»Weil Gott nicht überall sein konnte, schuf er die Mutter.« (Arabisches Sprichwort).
In der jüdisch-christlichen Offenbarung der beiden Testamente sagt Gott – im Glauben ergriffen – sich selbst aus. Damit treten die Glaubenden, Juden oder Christen aus der Welt magischer Verrätselung und Unheimlichkeit der numina heraus, ebenso aus der vorwiegend psychischen Spiegelung des Mythischen, wie aus dem Bereich mental-rationalen Willens zum Begriff. Zwar ragen die biblischen Zeugnisse weit in den magisch-überwältigenden, den bildhaft symbolischen, den mental-klärenden Bereich hinein, übersteigen ihn aber auch bis zu den geistigen Aussagen, die das Ahnen, das Bild und die Vorstellung überholen und »aufheben«.
Nun finden sich in der Bibel vielfach mütterliche Selbstbezeugungen Gottes. Lange Zeit, man kann sogar sagen, lange Jahrhunderte sind sie in ihrem besonderen Anspruch überlesen worden; heute werden sie im Zuge der neuen Aufmerksamkeit auf das Problemfeld des Weiblichen oder Mütterlichen in Gott neu und auf breiter Textgrundlage entdeckt.
Damit wird das bislang selbstverständliche Gottesbild der jüdischen wie christlichen Überlieferung aus dem Selbstverständlichen herausgenommen und nun als unzulänglich erkannt. Die bisherige Lektüre der biblischen Texte zeigte Gott überwiegend, im allgemeinen Bewußtsein sogar fast ausschließlich, in männlicher Bild- und Symbolgestalt. Die Fragwürdigkeit dieser Akzentuierung wird heute bewußt; offensichtlich Überlesenes drängt sich nun umgekehrt dem Blick auf und leitet eine neue Wahrnehmung ein.
Dieser Vorgang spielt sich durchaus nicht am Rande des wissenschaftlich-theologischen und des gläubigen Bewußtseins ab. Vielmehr bedeutet das Ernstnehmen Gottes in den mütterlich-fraulichen Bildern seiner Selbstoffenbarung eine Vertiefung der Glaubensmitte selbst – eine Entwicklung, die heute von unbedingter

Notwendigkeit ist, weil sie auch einer Vertiefung des Verständnisses der Frau entspricht.
Wenn wir heute den Satz formulieren können: »Gott ist Mutter«,[1] oder mit der Kühnheit Johannes Pauls I. sagen: »Gott ist sogar mehr Mutter als Vater«, so muß jedoch erst gezeigt werden, was diese Sätze theologisch und anthropologisch für ein Gewicht haben. Nie darf die Rede von Gott vorschnell sein oder vorschnell »gewußt« werden; im Hintergrund steht jedenfalls die Warnung des Augustinus, »Gott sei immer größer«, Deus semper maior, als unser dem Eigenmaß entsprechendes Begreifen. Oder gemäß einer Formulierung von Guardini: Wann immer Gott zutiefst vertraut erscheine, sei er zugleich unerhört fern.
So ist mit einer gewissen Bescheidung, gleichwohl mutig zu fragen, wie sich Gott in der Heiligen Schrift selbst als mütterlich einführt – wozu dann aus der Schrift Einwände anzuhören sind, bevor sich am Ende ein Spannungsbogen aus dem Gesagten errichten läßt.

Die Botschaft des Alten Testaments

Es gibt gemäß der Auslegung der Kirche zwei große Möglichkeiten, von Gott zu reden; die erste und vorrangige ist seine eigene Offenbarung, die zweite das »Buch der Schöpfung selbst«, und noch mehr ins Einzelne gehend: wir selbst; wie Paulus meint, könnten wir daran auch ohne die Kenntnis der Bibel das notwendige Wissen um Gott ablesen. Auch in dem »Buch der Natur« also, wie es früher so einprägsam hieß und woraus das Mittelalter seine große analogia trinitatis entwickelte, läßt sich Gott in seiner vertrauten – deswegen so leicht übersehenen – Gegenwart finden. Dies ist im übrigen eine der wichtigsten Rechtfertigungen aller so angegriffenen anthropomorphen Gottesbilder in unserer wie in anderen Religionen: Wir selber sind theomorph.
Im Schöpfungsbericht steht der erhabene Satz (Gen 1,27): »Er schuf den Menschen nach Seinem Bild und Gleichnis, als Mann und Frau schuf er ihn.« Nicht nur, daß hier die Frau ausdrücklich als

---

[1] Vgl. Johannes Paul II.: »Dio come madre«, in: Osservatore Romano, Ott. 1985.

Ebenbild Gottes eingeführt wird, Gott selbst als Urbild der Frau, ihr seine Göttlichkeit aufprägend. Der Satz könnte noch weiterhin eindringlich so gelesen werden, daß der Mensch eben darin ein Ebenbild Gottes sei, *weil* er als Mann und Frau erschaffen ist. Noch im Paradies, also vor dem Sündenfall, ergeht an Adam und Eva die Weisung: »Wachset und mehret euch«: so ist dieses aufgeprägte Göttliche auch Vaterschaft und Mutterschaft, Zeugung und Geburt – wie auch die Scholastiker und noch Thomas von Aquin immer betonten, die Lust der Vereinigung von Mann und Frau wäre im Paradies noch unvergleichlich stärker, gottnäher gewesen.

So erweist sich Gott schon auf den ersten Seiten der Bibel als Urbild der Frau, als Urbild aller Mutterschaft. Und diese Mutterschaft Gottes bleibt dem Volk Israel etwas Nahes, Tröstendes, Zärtliches – obwohl gerade durch Israel der Unterschied Jahwes zu den Fruchtbarkeitsgöttinnen der Heiden und ihren sexuell betonten Kulten herausgearbeitet, mehr noch: durch eine mit Leiden und immer erneute Zurechtweisung bezahlte Geschichte und geistige Entwicklung eingeübt wurde.

Zunächst einige Stellen aus dem Alten Testament, welche die Mutterliebe Gottes bezeugen. Eine der großen Aussagen – umfassender Art und nicht auf eine einzige Stelle eingeschränkt – ist jene von Gottes Barmherzigkeit; in der deutschen wie in der lateinischen Sprache hat sie mit dem »Herzen« zu tun, in den Psalmen aber, wenn sie wörtlich übersetzt werden, heißt es elementarer und tiefer: »die Eingeweide der Barmherzigkeit Gottes«, viscera misericordiae. Diese viscera sind nichts anderes als der Mutterschoß, hebr. racham/rechem, im Plural rachamim; unmittelbar davon abgeleitet ist das Wort rachum/racham, »Erbarmen«. Wenn Gott bei seinem »Mutterschoß« angerufen wird, kann er gleichsam nicht widerstehen – es ist das Organ des Mitleidens schlechthin.

Jesaja, der die Geburt Jesu voraussagte, hat unbeschreibliche Visionen von Gottes Mütterlichkeit, als von etwas, das nie erlahmt, nie aufgibt: »Zion sagt: Der Herr hat mich verlassen, Gott hat mich vergessen. Kann denn eine Frau ihr Kindlein vergessen, eine Mutter ihren leiblichen Sohn?« (Jes 49,14f.).

»Wie eine Mutter ihren Sohn tröstet, so tröste ich euch« (Jes 66,13).

In der Ankündigung des Gottesknechtes und im Kampf gegen die Götzen ruft Jahwe aus: »Ich habe lange geschwiegen, bin stille gewesen, habe an mich gehalten – jetzt will ich schreien wie die Gebärende, will schnauben und schnappen« (Jes 42,14).
Dieses Gebären findet sich auch deutlich unterschieden vom Zeugen, als den beiden Arten von Gottes »Elternschaft«: »An den Fels, der dich gezeugt hat, dachtest du nicht mehr, und vergaßest den Gott, der dich geboren hat« (Dtn 32,18). (Vergleichbar dazu ist Ijob 38,28 f.: »Hat der Regen auch einen Vater, oder wer hat die Tropfen des Taus gezeugt? Aus wessen Schoß ist das Eis gekommen? Den Reif des Himmels, wer hat ihn geboren?«) Baruch 4,8: »Ihr vergaßet Ihn, der euch geboren.« Ps 109: »Umstrahlt von Heiligkeit habe Ich aus meinem Schoße (ex utero) Dich gezeugt noch vor dem Morgenstern.« Im 8. Jh. v. Chr. sieht der Prophet Hosea ein bewegendes Bild: »Ich war es, der Ephraim gehen lernte, ich nahm sie auf meine Arme. Aber sie merkten nicht, daß ich sie pflegte. Mit menschlichen Seilen zog ich sie, mit den Ketten der Liebe. Und ich war für sie wie die, die einen Säugling an ihre Wangen heben, und neigte mich zu ihm, stillte ihn. (...) Wie soll ich dich preisgeben, Ephraim? Ich dich dahingeben, Israel? (...) Mein Herz kehrt sich gegen mich, meine Reue entbrennt mit Macht. Nicht vollstrecke ich meinen glühenden Zorn, nicht will ich wiederum Ephraim verderben. Denn Gott bin ich und nicht ein Mann, in deiner Mitte ein Heiliger, und nicht gerate ich in Wut« (Hos 11,1–9).
Was hier mit »Herz« übersetzt wird, heißt im Urtext wieder rechem – Mutterschoß, wodurch die Stelle noch deutlicher wird. Der entscheidende Passus am Ende setzt el (Gott) und isch (Mann) gegenüber, wodurch Gott sich gerade aus Wut und Vergeltung herausnimmt und seine mehr als männliche Grundhaltung vor dem Hintergrund mütterlicher Liebe zeigt.[1a] Oder umgekehrt:
Hosea vergleicht Jahwe auch mit Tieren, darunter einer Tiermutter, um gerade daran Vergeltung für die Undankbarkeit zu zeigen. »Deshalb wurde ich für sie zu einem Löwen, wie ein Panther lauere

---

[1a] Vgl. den Einzelnachweis bei Helen Schüngel-Straumann, Gott als Mutter in Hosea 11, in: Theologische Quartalschrift 166, 2 (Tübingen 1986), 119–134.

ich am Weg. Ich falle sie an wie eine Bärin, der man die Jungen geraubt hat, und zerreiße ihnen die Brust und das Herz« (Hos 13,7f.).
Dazu gehören die mannigfaltigen Bilder von den Flügeln Gottes, unter die er seine Kinder birgt – was den Muttervogel nahebringt, der noch im Gleichnis Jesu von der Henne und den Küchlein erscheint. So Psalm 61,5: »In deinem Zelt möchte ich Gast sein auf ewig, mich bergen im Schutz deiner Flügel.« (Vgl. Ps 17,8f.; Ps 57; Ps 91,4; Ruth 2,12; Dtn 32,11f.: die Adlermutter.)
Wie tief verflochten – trotz aller Textredaktionen und bewußtseinsmäßigen Klärungen – im Alten Testament Gott mit der weiblichen Archetypik ist, zeigen mittlerweile mehrere wertvolle Untersuchungen.[2]
Von der unbewußten Fassung her, die heute die Tiefenpsychologie zu entschlüsseln imstande ist, lassen sich deutliche Erscheinungsformen einer Magna Mater auch im Alten Testament aufweisen, deren »überwundene« oder »aufgehobene« Eigenschaften in die Erfahrung Jahwes eingingen: so die Archetypik im Schöpfungsmythos von Gottes »Bebrüten« des Urwassers, der sein Recht fordernde und einverleibende Bereich der Unterwelt (Scheol und Erde überhaupt), die »heiligen Bäume« mit ihrer weiblichen Sinnbildlichkeit, die Bedeutung des mütterlichen Dunkels (»Jahwe, der du gesagt, du wolltest im Dunkeln wohnen, nun habe ich gebaut ein Haus zur Wohnung für dich...« 1 Kön 8,10ff.), die Granatäpfel, Sinnbilder der Fruchtbarkeit und der Fruchtbarkeitsgöttin am »Saum des Gewandes« der Hohenpriester, und schließlich auch die Blutopfer (so am Sinai nach dem Erlassen der Gebote). Die »chthonischen Tiefen«, die in Jahwe eingingen, sind etwa im Jakobssegen wunderbar erhalten; über Joseph spricht der sterbende Jakob: »Vom Gott deines Vaters – er helfe dir! – und von Gott, dem Allmächtigen – er segne dich! –, mit Segnungen vom Himmel

---

[2] Urs Winter, Frau und Göttin. Exegetische und ikonographische Studien zum weiblichen Gottesbild im alten Israel und in dessen Umwelt, Freiburg/Schweiz 1983. Hingewiesen sei auch auf die frühe Studie von Ewald Roellenbleck, Magna Mater im Alten Testament. Eine psychoanalytische Untersuchung, Darmstadt 1949.

droben, mit Segnungen aus der Wassertiefe, die drunten lagert, mit Segnungen aus Brüsten und Mutterschoß« (Gen 49,25).

Die Botschaft des Neuen Testaments

Im Neuen Testament werden Aussage und Erkenntnis der dreifachen Einheit Gottes, von Vater, Sohn, Geist gewonnen. Damit wird die Themenstellung in anderer Weise schwierig und großartig zugleich, in jedem Fall unerschöpflich.
Vater und Sohn erscheinen zunächst als eindeutig männliche Festlegungen, beim Geist bleibt es eher »offen«. Prüft man diese eindeutige Überlieferung, so gewinnt jedoch auch sie einen unvermuteten Reichtum.
Dies beginnt schon, von der Gewöhnung überhört, im Credo, in das zwei paradoxe Formulierungen des Johannes-Prologs eingehen: Der Sohn ist vom Vater sowohl »gezeugt«, »unigenitus«, wie aus ihm »geboren vor aller Zeit«, »et ex patre natum ante omnia saecula«. Zeugung und Geburt sind also untrennbar im Vater – dies freilich als Bildworte gemeint, aber bewußt und willentlich in dieser Gegen-Spannung gehalten. Die frühe Kirche hat sogar, um dies zu unterstreichen, im 11. Konzil von Toledo (675) vom »uterus Dei«, dem Mutterschoß Gottes, gesprochen.[3]
(Dazu kam es nicht zufällig: die Kirchenväter hatten, selber aus der Geistigkeit der Glaubensgemeinschaft schöpfend, vielfach Gottes Androgynität in urbildlicher Weise herausgearbeitet. Klemens von Alexandrien [um 200] erklärt: »Gott ist Liebe. [...] Und das Unaussprechliche an ihm ist Vater, das Mitleidige mit uns ist Mutter. In Liebe verweiblicht sich der Vater und das große Zeichen davon ist der Sohn, und der aus der Liebe des Vaters Entsprossene ist auch Liebe. Deshalb ist dieser auch herabgestiegen auf die Erde.«[4] Klemens hat überdies in seiner Schrift »Paidagogos« fast ein Kapitel dem mütterlichen Gott gewidmet: »Durch seine Liebe wurde der Vater zu einem mütterlichen Wesen. [...] Das Wort

---

[3] Denzinger/Schönmetzer, 526.
[4] Quis dives salvetur? 37,2f. (PG 9, 642).

[Christus] ist alles für seine Kleinen, Vater und Mutter.«[5] Auch »die Milch, die aus dem Vater fließt«[6], ist ein Bildwort von Klemens, das weitergewirkt hat.)
Da hier aber auf das Offenbarungswort allein – als den Maßstab solcher Rede – Bezug genommen werden soll, sei hier noch auf ein Gleichnis Jesu verwiesen, das bereits Hildegard von Bingen als bedeutsame vielfältige Kennzeichnung Gottes empfand. In Lukas 15 erzählt Jesus von einem dreimaligen Verlieren und Finden – wie es Gott mit seiner Menschheit geht: im ersten Beispiel vom Vater und dem verlorenen Sohn, im dritten vom Hirten und dem verlorenen Schaf, im zweiten von der Frau und der verlorenen Drachme. In allen drei Gleichnissen stehen Vater, Hirte und Frau für Schmerz und Freude Gottes selbst! Aus dem Munde Jesu selbst also ein wesentliches Zeugnis für das wunderbar reiche, in *allen* menschlichen Bildern zu fassende Antlitz Gottes.

Was den *Sohn* angeht, »Jesus den Mann«, so ist es eine Leistung der letzten Jahre, seine »integrale«, also ganzheitliche Menschlichkeit herausgestellt zu haben.[7] Gesehen wird nunmehr, daß Jesus ein psychisch und geistig »ganzer« Mensch war, die »anima« als seinen weiblichen Seelenanteil zugelassen und entfaltet hat: ablesbar an Eigenschaften, die eine »Weiblichkeit« oder »Mütterlichkeit« in ihm enthüllen. Dazu zählt nicht allein seine ausdrückliche Liebe zu Kindern, sein eigener Vergleich mit einer Henne, die ihre Küchlein unter den Flügeln sammelt, seine mehrmalige tiefe Bewegtheit, die sich im Weinen äußert (sei es über des Lazarus' Tod, sei es über Jerusalems Härte). Wesentlich dazu gehört auch sein unbefangenes Verhalten zu Frauen, seine lösende Hilfe für viele von ihnen – was bekanntlich voraussetzt, daß – menschlich gesehen – das andere Geschlecht innerlich angenommen und bejaht sein muß. Hinzu gehören die wundervollen

---

[5] Zitiert nach Virginia R. Mollenkott, Gott eine Frau? Vergessene Gottesbilder der Bibel, München 1985, 14. Ebd. eine Fülle anderer Kirchenväter-Zitate.
[6] Ebd., 27.
[7] Vgl. Hanna Wolff, Jesus der Mann. Die Gestalt Jesu in tiefenpsychologischer Sicht, Stuttgart 1983.

Parabeln mit dem Beginn: »Das Reich Gottes ist wie eine Frau...«

Eine Gefahr unserer Zeit ist es freilich, dies nur seelisch zu sehen, nicht geistig-personal, also bis zu einer letzten tiefen Verantwortlichkeit gelebt und erfaßt. Es geht hier weniger um eine »Psychologie Jesu« – die bekanntlich bereits Guardini als zu kurzgreifend in ihren Grenzen aufgedeckt hat, als um die ungeheure Herausforderung seiner gott-menschlichen Natur, in der, gerade weil sie im Letzten Erlösungs- oder Lösungscharakter hat, männliches wie weibliches Menschsein zu seiner Vollendung gebracht und deswegen auch »aufgehoben« war.

In diesem Zusammenhang sollte die Stelle in den Abschiedsreden Jesu (Joh 16,21) neu bedacht werden, wo die Jünger mit dem Vergleich einer gebärenden Frau getröstet werden, die Angst vor »ihrer Stunde« hat. Wenige Sätze später wendet Jesus das Bild in derselben Formulierung auf sich selbst an: »Vater, die Stunde ist gekommen (...), damit er allen, die du ihm gegeben hast, ewiges Leben gebe« (Joh 17,1 f.).

So verhüllt die Stelle auch ist, so hat doch Jesus die Todesangst einer Gebärenden mittelbar auf sich selbst gedeutet, um die Wehen der kommenden Stunden und auch das Geborenwerden von etwas unsagbar Neuem in einem äußersten Vergleich zu fassen. (Wieder hat die Kirche seit den ersten Vätern dies aufgegriffen und durch die Jahrhunderte in eben diesem Geburtsbild verdichtet. So schrieb noch Franz von Sales als Erbe dieser unbestrittenen Auslegung: »Unser Herr war am Holz des Kreuzes im Zustand der Schwangerschaft gleich einer hoffenden Frau.«[8])

Und in der Bildlichkeit ebenso bewegend und mütterlich gefärbt das Wort Jesu über sich selbst: »Wenn jemand dürstet, so komme er zu mir und trinke!« (Joh 7,37) – übrigens in deutlicher Anlehnung an Jesaja (66,11) gesprochen: »Daß ihr euch labet und satt werdet an

---

[8] Franz von Sales, Philothea, Buch 5, Kapitel 13 der Erstausgabe; der Satz wurde in der 2. Auflage getilgt. – Vgl. die ausführliche Studie von Johannes Haas, Das Mutter-Bild im Gottes-Bild des hl. Franz von Sales, in: Jahrbuch für salesianische Studien 20 (1986). – Neuerdings legt der Maler und Priester Herbert Falken (Diözese Aachen) Bilder des schwangeren Christus am Kreuz vor.

der Brust ihres Trostes, daß ihr schlürfet und euch erquicket an ihrer reichen Mutterbrust.« Auch dieses wunderbar freimütige Wort Jesu entbindet quer durch die Jahrhunderte ein besonderes Vertrauen zu seiner mütterlichen »Seite«.[9] Es scheint erst in der Aufklärung, im Zuge einer noch stärkeren Rationalisierung und damit Maskulinisierung des Religiösen, gerissen zu sein – ab dem 18. Jahrhundert verstummen diese Bilder.

Der *Geist,* der sich ja in der Schrift nicht anthropomorph zeigt, sondern in einer Vielzahl von nichtmenschlichen Bildern und Namen, steht gerade in dieser verschlüsselten Bildlichkeit in besonderer Beziehung zur Frau. Im Alten Testament ist ruach, Wind, Hauch, Odem, bekanntlich weiblichen Geschlechtes überhaupt[10] (freilich, was meist übergangen wird, nicht immer); im Neuen Testament wechselt er in das griechische Neutrum to pnéuma, doch verwendet Lukas (Apg 2,2) das Femininum »he pnoé« im Pfingstbericht für »das Wehen eines starken Windes«.
Abgesehen von dieser grammatischen Zuweisung bestehen aber mannigfaltige wesentliche Verbindungen zwischen Frau und Geist, die ebenfalls schon seit den Kirchenvätern gesehen und herausgearbeitet wurden. So die folgende Parallelen: Eva, hebr. »chawa« – der Name, den Adam seiner Frau gibt – heißt »Leben«, »Ursprung des Lebens«. »Denn sie wurde die Mutter aller Lebenden« (Gen 3,20),

[9] Unter den vielen Veröffentlichungen der letzten Jahre dazu sei nur hingewiesen auf Virginia Mollenkott, a.a.O. (Väterzitate zum »stillenden Christus«), ferner auf Eleanor McLaughlin, »Christ my Mother«. Feminine Naming and Metaphor in Medieval Spirituality, in: Nashota Review 15 (1975); Caroline Walter Bynum, Jesus as Mother: Studies in the Spirituality of the High Middle Ages, Berkeley 1982 (bes. das Kapitel: Jesus as Mother and Abbot as Mother: Some Themes in Twelfth-Century Cistercian Writing: in dieser Tradition hatte auch der Abt bei bestimmten Anlässen sich »mütterlich« zu verhalten). – Sehr gut untersucht ist mittlerweile Juliana von Norwich († nach 1415): Sr. Ritamary Bradley, Patristic Background of the Motherhood Similitude in Julian of Norwich, in: Christian Scholars Review 8 (1979), 101–113, und Paula S. Datsko Baker, The Motherhood of God in Julian of Norwich's Theology, in: Downside Review 100 (1983), 290–304; außerdem Kari Elisabeth Bøuesen, Christ notre mère. La théologie de Juliane de Norwich, in: Mitteilungen und Forschungen der Cusanus-Gesellschaft 13 (1978).

[10] Dazu ausführlich eine demnächst erscheinende Arbeit von Helen Schüngel-Straumann, Ruach im Alten Testament, Stuttgart 1989.

begründet die Schrift. Damit ist nicht allein das biologische Leben gemeint, sondern eben jener Hauch und Odem des Lebens, der Adam durch die Nase eingeblasen war: Geist (ruach) im Sinne des Atmens (welche Einheit auch das deutsche Wort noch ausdrückt). Nicht zuletzt hat Matthias Scheeben auf diesen geistigen Lebensodem bei Eva aufmerksam gemacht.

Ein zweites: Eva geht aus der Seite des Mannes hervor, wird nicht wie er unmittelbar aus Erde geformt. Bei Johannes (15,26) geht der Geist aus der Seite des Vaters hervor, »pará toû patrós ekporéuetai«. Gregor von Nazianz († 389) stellt diese Parallele ausdrücklich heraus. Andere Väter ziehen die Entsprechung noch weiter: Eva verhält sich zu Adam, wie die Kirche zur geöffneten Seite Jesu, wie der Heilige Geist zum Vater.

Ein drittes: Jesus nennt den Geist »parakletós« (Joh 14,16; 26ff.), wörtlich den »Herbeigerufenen«, Beistand, Hilfe, Tröster. Im Schöpfungsbericht gibt Gott der Frau einen ersten entscheidenden, in seiner Bedeutung meist unterschätzten Namen: »Ich will ihm (Adam) eine Hilfe (ezer neged) machen« (Gen 2,18). Mittlerweile ist bekannt, daß »ezer« zweiundzwanzigmal im Alten Testament auftaucht: dreimal für lebensnotwendige Hilfe in höchster Not, sechzehnmal für Gottes eigene, unmittelbare Hilfe, zweimal in besonderer Weise als Name für Eva.[11]

Damit wird Eva zweifellos aus der bisherigen Rolle der zweitrangigen Gehilfin herausgehoben in jene Hilfe, die Gott selber für die Menschen übernimmt. »Eva ist Adams ezer, Gott ist ezer für die Menschheit.«[12] Wo immer hier von Dienen und Beistehen die Rede ist, gewinnt diese Rede eigentlich im Letzten den Sinn jenes Dienens und Beistehens, das der Geist im Neuen Tetament bereits von seinem Namen her ankündigt. Vielleicht könnte man auch sagen, daß der Geist als Trost das tiefste Urbild der »Frau als Trost« vorgibt.[13]

Ein viertes: Der Geist erscheint in Gestalt von Wind, Feuer(zun-

---

[11] Virginia R. Mollenkott, a.a.O., 78.
[12] Ebd., 79.
[13] Freilich gibt es dafür auch ambivalente Anwendungen, so, wenn es in Gen 24,29 heißt: »Isaak tröstete sich mit Rebekka über den Tod seiner Mutter.«

gen), aber auch als Taube bei der Taufe Jesu. Im griechischen Text heißt es »hé peristéra«, wörtlich »Vogel der Istar/Astarte«. Die Taube war Begleiterin dieser Göttin, wie bei den Griechen und Römern Begleiterin der Aphrodite oder Venus, der Göttin der Schönheit und Liebe. Deutlich ist in diesem Bild also die weibliche Symbolik, wie ja auch im Hohenlied die Braut angesprochen wird: »Du meine Taube, du meine reine« (Hld 5,2).[14]
»Der Heilige Geist, meine Mutter«, sagt Jesus im apokryphen Hebräerevangelium, wie auch in den aus Syrien stammenden »Oden Salomons« die Taube mit der Mutter Christi verglichen wird, die Jesus als »Mutterbrust Gottes« stillt.
Ein weiterer Schritt: Im Nikodemusgespräch fragt der Ratsherr: »Kann denn jemand in den Schoß seiner Mutter zurückkehren und nochmals geboren werden?« Die Antwort: »Wenn jemand nicht wieder geboren wird aus dem Wasser und dem Heiligen Geist, kann er nicht in das Reich Gottes eingehen« (Joh 3,4–5). Wie das Wasser hat der Geist mit *Geburt* zu tun.
Überhaupt das Wasser: Durch die Archetypenforschung C. G. Jungs und anderer wurde deutlich, daß Wasser ein Symbol für »Mutter« oder »Weibliches« ist, im Lebens- wie im Todesaspekt; ein Symbol auch für die eigene anima, in all ihrer Vieldeutigkeit (»Meer des Lebens«). Isaak läßt Rebekka an einem Brunnen freien; Moses, der Mutterlose, wird von der Tochter Pharaos, seiner neuen Mutter, aus dem Wasser gezogen; später tut sich das Meer zum unbeschadeten Durchzug vor ihm auf, verschlingt aber die Unberufenen, ebenso wie die Sintflut alle mit *einer* Ausnahme tötet. Wasser kann Leben und Tod bringen: Jesus betritt es wie festes Land, Petrus versinkt in denselben Wellen. Im übrigen benutzt ja die Taufe dieselbe Doppelkraft der Wasser-Symbolik für Untergang und Wiedergeburt.
Nun ist diese Verbindung zum Wasser auch für den Geist ausdrücklich. Johannes, der so vieles einzigartig vom Geist erzählt, überliefert Jesu Wort: »Wer an mich glaubt, aus dessen Inne-

---

[14] Vgl. Silvia Schroer, Der Geist, die Weisheit und die Taube, in: Freiburger Zeitschrift für Philosophie und Theologie 33 (1986), 197–225.

rem (Leibeshöhle, koilía) werden, wie die Schrift sagt, Ströme lebendigen Wassers fließen.« Zur Erklärung: »Das sagte er von dem *Geist*, den jene empfangen sollten, die an ihn glauben« (Joh 7,38f.). Hier wird der Geist unvermittelt überhaupt mit dem Bild des Wassers in eins gesetzt, abgesehen von der Assoziation mit der stillenden Brust (koilía bedeutet den oberen Teil der Leibeshöhle).
Ferner im ersten Johannesbrief (5,7f.): »Drei sind, die Zeugnis geben auf der Erde: der Geist und das Wasser und das Blut; und diese drei sind eins.«
Im Pfingsthymnus wird der Geist als »fons vivus«, Quellwasser, und als »Brunnen aller Güter« angerufen, ebenso wie Gott seinen Geist nicht nach Maßen verteilt, sondern »auf alles Fleisch ausgegossen hat«.

Wie lassen sich diese Zusammenhänge, insbesondere zwischen Frau und Geist, deuten? Sind es nur Assoziationen, also psychische Verknüpfungen mehrdeutiger Art? Heißen sie, daß der Geist »Geistin« ist, wie es heute schon üblich geworden ist zu sagen, oder daß er mütterlich-weiblich ist? Daß also die Frau in besonderer Weise als Bild und Gleichnis des Geistes geschaffen sei? Wogegen ja jener Teil der abendländischen Überlieferung steht, der den Geist ausgesprochen männlich faßt.
In der Tat sind gerade beim Geist eine Reihe von Aussagen zu vermerken, die den zuvor belegten weiblich-mütterlichen Zügen noch andere hinzufügen: die Bilder des Feuers, der Flamme, des »Fingers der väterlichen Rechten« (»digitus paternae dexterae«) – in der Archetypik also »männliche« Eigenschaften. So stehen auch im Pfingsthymnus unmittelbar nebeneinander fons vivus und ignis, eine Vereinigung von Wasser und Feuer.
Hier wird deutlich, wie sehr in der Aussage über Gott Einzelnes »überholt«, eingeholt werden muß in ein Ganzes. So gibt es über den Geist noch eine klärende, nämlich ent-scheidende theologische Aussage, vorformuliert von Augustinus, prägnant gefaßt von Thomas: Heiliger Geist sei nämlich kein Name (d. h. eine Wesensdefinition), sondern eine Umschreibung. »Der eigentliche Name des

Heiligen Geistes ist Geschenk (donum).«[15] Eine unbedeutend scheinende, aber je länger je mehr bedenkenswerte Angabe. Üblicherweise spricht man von den sieben Gaben des Geistes, sektoriert also seine Fülle. Daß er die Gabe schlechthin ist, geht aber weit in der Aussage darüber hinaus. Es hängt damit zusammen, daß er nicht Trost gibt, sondern selber der Trost ist. So wie der Tröster mit dem Trost eines ist, so auch der Geber mit der Gabe: Er ist in ihr ganz und selbstvergessen da, weder der Gabe gegenüber äußerlich und fremd noch brutal in ihr anwesend. Eben aus dem Grund empfindet der Beschenkte die Gabe auch nicht als demütigend, ihn unfrei machend, ex-propriierend, zum Dauerdank verpflichtend, sondern als aufrichtend, ihn zu seinem Eigensten freilassend – wobei noch der Dank glücklich macht.

In eben diesem Sinne ist der Geist *die* Gabe vom Vater an den Sohn und umgekehrt, ja dieselbe Gabe ergeht an die Schöpfung, wird »ausgegossen« über alles Fleisch, ist also die Mitteilung der eigensten innersten Zuwendung von Vater und Sohn an die Schöpfung, und daß diese nicht sparsam sein kann, sondern im Übermaß gegeben, ist klar: So ist sie *die* Gabe. Darin liegt ein tiefer Hinweis, daß Fragen nach dem Väterlichen oder Mütterlichen in Gott nur mit Vorsicht zu stellen sind, weil sie dissoziierend gestellt sind, nämlich auf eine (geschlechtliche oder andere) Unterscheidung zielen. Grundsätzlich gilt, daß geschlechtliche Unterscheidung in Gott nicht statt hat. »Gott ist nicht Mann, Gott ist nicht Frau«[16]; er ist auch nicht ein Komplement aus beiden. Ja der eigentliche Gottesname im Alten Testament, gemäß der Selbstoffenbarung im brennenden Dornbusch, ist überhaupt nicht sexuell akzentuiert: »Sch'ma, Jisrael, Jahwe Elohenu Jahwe ächadh« (»Höre, Israel, Jahwe, der Seiende, dein Gott, ist der einzig Seiende«).

So hütet sich die Bibel durchweg, Gott zu sexualisieren. Der Gott Israels tritt ja gerade gegen die geschlechtlich gedachten Götzen Kanaans an, seien sie baalisch-zeugend oder mütterlich-gebärend. Gott ist von all diesen Aussagen befreit. Er ist das Licht, aus dem

---

[15] Thomas von Aquin, Summa theologiae I, 38, 1 und 2.
[16] Gregor von Nazianz, Oratio 31: »Gott ist weder Mann noch Frau« (PG 36,140–146).

alle Liebe lebt, er ist Klarheit. Ein Vergleich sei gewagt: Heute gilt nicht mehr Mann oder Frau, es gilt der Mensch. Ebenso gilt heute – nach langem jüdisch-christlichen Training – nicht mehr Vater oder Mutter, Männliches oder Weibliches in Gott, es gilt er selbst, reine Gegenwart und reine Verborgenheit.

Trotzdem darf man, muß man Bilder, Ähnlichkeiten gebrauchen, um zu ihm in Erkenntnis oder Verehrung »aufzusteigen«. Bilder sind jene (wittgensteinsche) Leiter, die umfallen darf, wenn man oben angekommen ist. Und doch ist die Leiter wichtig, in der Regel unverzichtbar – wie selten genug kommt man wirklich in der langen Mühe der Gottessuche oben an, im Bereich des Bildfreien, des wirklich lebendigen Lebens, das sich nicht mehr übersetzen muß.

Und so greift die »Übersetzung« zu den erregendsten Wahrheiten menschlichen Daseins, zur Geschlechterspannung und zum Vater- und Muttersein, um den Unsagbaren doch zu sagen. Aber dies muß als *Bild* eingesehen und vor allem offengehalten werden, nicht als letztmögliche Bestimmung. Und in dieser *Bilder*sprache sind die mütterlichen Selbstaussagen Gottes lange, zu lange überhört worden. Wenn heute diese seine Mütterlichkeit wiederentdeckt wird, so hat das weder mit einem Rückfall in Magisch-Unbewußtes zu tun noch mit einer Kampfansage an das Väterliche in Gott, noch mit einer gefühlsmäßigen oder rationalen Betonung seiner »anderen« Seite. Sollte dies so sein, dann geht die Entdeckung über einen psychischen Nachholbedarf nicht hinaus. Vielmehr stehen die Bezeugungen der Mütterlichkeit Gottes unter dem Anspruch und dem Ernst, den die Offenbarung immer hat. Somit läuft sie – wie immer und wie schon im Vaterbild – quer zu allen natürlichen Erfahrungen, psychischen Spiegelungen, Selbstbestätigungen.

Gott, die Mutter, fällt uns nicht leichter als Gott, der Vater. Dennoch liegt gerade in diesen neu wahrzunehmenden Selbstaussagen Gottes ein Trost, der sich finden lassen will. Um es noch einmal mit Johannes Paul I. zu sagen: »Von den Pfahlbauten, den schwimmenden Inseln und den ersten Hütten haben wir uns zu Häusern und Wolkenkratzern aufgeschwungen. Vom Fortbewegen zu Fuß haben wir es zum Auto und Flugzeug gebracht. Gott lieben ist auch eine Reise. Bleiben wir nicht dort stehen, wo wir angekommen sind.«

Personenregister

Adam 16, 136
Adler, Alfred 110
Amaterasu 24
Ambrosius 124
Anaximenes 37
Ariadne 31
Aristoteles 15, 28, 37f, 49
Arnim, Bettina von 48
Asklepios 111
Athene (Minerva) 34f
Attila 25, 129
Augustinus 44, 58, 87, 99, 102, 136f, 148, 158

Baader, Franz von 122
Baal 112
Bachofen, Johann Jakob 20–24, 101, 106
Bacon, Francis 40, 103, 139
Baker, Paula S. Datsko 155
Balthasar, Hans Urs von 143
Bamberger, Joan 21
Barbara, hl. 141
Barnhouse, Ruth T. 79
Barth, Karl 99
Bauer, Dieter R. 48
Beda 123
Beinert, Wolfgang 66, 72
Berliner, Rudolf 140
Blanck, Bettina 79
Bloch, Ernst 102, 124
Böckeler, Maura 146
Böckenförde, Ernst-Wolfgang 48
Böckle, Franz 42
Böhme, Gernot 32
Bohr, Niels 32
Bonifatius 136
Bøuesen, Elisabeth 155
Bovillus, Carolus 24
Bradly, Ritamary 155
Brecht, Bert 103
Brunhilde 31f
Bruno, Giordano 137, 143

Buber, Martin 33
Bullet, Gabriel 74
Bynum, Caroline Walter 155

Callawaya-Indianer 36
Camus, Albert 125, 142
Carmina Burana 107
Cassirer, Ernst 24, 104
Chesterton, Gilbert Keith 84
Claudel, Paul 138
Clemens, Araneus de Ragusa 120
Colegrave Sukie 30

Danae 111
Demeter 99
Denzinger/Schönmetzer 152
Devereux, Georges 106
Doderer, Heimito von 32
Drewermann, Eugen 109f
Droste-Hülshoff, Annette von 15, 48, 133
Dschung Dsi 15
Durkheim, Émile 27

Eliade, Mircea 106
Elisabeth (AT) 20
Embede, Warbede, Wilbede 129–133
Enzyklopädisten 40
Erasmus von Rotterdam 48
Ernst, Max 117
Eva 16, 136, 155f
Evans-Pritchard, E. E. 27

Falken, Herbert 154
Faßbinder, Klara Marie 138
Feuerbach, Ludwig 50, 85f
Fionn 17
Franz von Sales 154
Freud, Sigmund 47, 110
Frobenius, Leo 22f

Gaia 40
Galilei, Galileo 40, 96

161

Gawan 31
Gebser, Jean 14, 18, 36, 46, 85
Gerl, Hanna-Barbara 48, 67
Gertrud d. Gr. von Helfta 67
Ginevra 32
Godeschalk, Benedikt 96
Görres, Ida Friederike 17, 27, 51, 54, 98, 142
Gössmann, Elisabeth 48
Goethe, Johann Wolfgang von 9, 48, 49, 59, 86, 143
Goritschewa, Tatjana 54
Gouges, Olympe de 42
Gregor von Nazianz 156, 159
Grimm, Jacob und Wilhelm 25, 57, 131
Gruber, Karl 129
Guardini, Romano 87, 99, 110f, 116, 148, 154
Gülden, Josef 68
Gutting, Ernst 75
Günderrode, Karoline von 48

Haas, Johannes 154
Hagar 20
Hammurabi 35
Hanna, Mutter Samuels (AT) 20
Hasenfratz, Hanspeter 17
Hathor 99
Hegel, G.W.F. 13, 42, 106, 119, 133
Heidegger, Martin 12, 101, 139
Heine, Susanne 26, 64
Hera 34
Herkules 36
Hermes 34
Herodot 19
Hetman, Frederic 16
Hildegard von Bingen 15, 145f, 153
Hoffmann, E.T.A. 40
Hölderlin 91
Hubert, Henri 27
Hübner, K. 140

Ilias 34, 35
Ijob 110, 125, 150
Illert, Friedrich 129
Isaak 156f

Isolde 31
Istar (Astarte) 157

James, E.O. 23
Janus 28
Jean Paul 85
Jelinek, Elfriede 123
Jesaja 108, 154
Jesus Christus 64, 90, 94, 99, 112, 119, 121, 122, 144, 151, 157
Jesus Sirach 107, 127
Johannes Ap. 152, 154–158
Johannes XXIII. 66
Johannes Paul I. 49, 148, 160
Johannes Paul II. 148
Jordan Placidus 75
Juliana von Norwich 155
Jung, Carl Gustav 25, 29, 47, 49, 86, 87, 110, 125, 126, 157

Kali 25
Kanaan 43
Kalsbach, Adolf 72
Kant 9, 29, 139
Karrer, Otto 100, 104
Katharina, hl. 141
Katharina von Siena 21, 51
Kenner, Hedwig 35
Kerényi, Karl 29, 106
Kierkegaard, Sören 45, 119
Kippenberg, Hans G. 21f
Klemens von Alexandrien 152f
Klibansky, Raymond 24
Krimhild 25
Koronis 111

La Mettrie, Julien de 40, 89
Lamphere, L. 21
Lancelot 32
Lao-tse 30, 37
Laurien, Hanna-Renate 73
Leda 111
Lehmann, Karl 52
Lévi-Strauss, Claude 22, 27
Lloyd, G.E.R. 27
Lohmann, Martin 75
Lots Töchter 20
Lubac, Henri de 143

Lukas, Ev. 153, 155
Lykurg 35

Malinowski, Bronislaw 27
Margarete, hl. 141
Maria 98–127, 140
Martimort, Aimé-Georges 72
Marx, Karl 50, 85, 124
Matuta 25
Mauss, Marcel 27
Mc Laughlin, Eleanor 155
Medea 25
Merz, Richard 17
Metz, Johann Baptist 13
Minos 35
Mollenkott, Virginia R. 153, 155 f
Morgan, Lewis H. 21
Moses 35, 43, 157
Musil, Robert 53
Müller, Ludger 73

Napoleon 84, 91
Nausikaa 31
Neuguinea 25
Neumann, Erich 19, 25 f, 107
Newman, Henry 55
Nietzsche, Friedrich 11, 15, 17, 29, 50, 63, 85, 110, 121, 122
Nikodemus 157
Novalis 91
Nut 24, 108

Ödipus 31, 33, 47
Oetinger, Friedrich Christoph 90
Orest 27
Origines 89, 126
Otto, Rudolf 23

Parmenides 38
Parsifal 99
Paulus 8, 44, 45, 64, 65, 74, 90, 120, 148, (Briefe) 8
Penelope 31
Petrus, Ap. 157
Pettazzoni, R. 23, 26
Platon 15, 40, 88, 110
Plotin 89, 126
Pluto 34

Prokrustes 120
Proust, Marcel 86
Pygmäen 22
Pythagoras 36

Radegundis 27
Ragnell 31
Rahner, Hugo 58, 107
Ranke-Heinemann, Uta 117 f
Ratzinger, Joseph 75, 77
Rebekka 156 f
Rilke, Rainer Maria 13, 51, 92
Roellenbleck, Ewald 151
Roesing, Diederich Ina 36
Rosalko, M. Z. 21
Rosenberg, Alfons 101

Saier, Oskar 75
Sarah 20
Sartre, Jean Paul 125
Saulus 44
Scheeben, Matthias 156
Schellenberger, Bernardin 103
Schlegel-Schelling, Caroline 48
Schneider, Reinhold 100, 106
Schöll, Hans Christoph 130
Schroer, Silvia 157
Schüngel-Straumann, Helen 150, 155
Schwenzer, Gerhard 74 f
Shri Ramakrishna 26
Siegfried 31 f
Sisyphus 125
Sodom und Gomorrha 20, 120
Sölle, Dorothee 118
Sokrates 45
Solon 35
Stein, Edith 9, 71
Stephens, James 17
Stoltz, Maria Magdalena 143
Strauß, Botho 143
Sueton 24

Tacitus 20
Teilhard de Chardin, Pierre 10, 51, 90, 143
Tellenbach, Hubertus 23
Teresa von Avila 51, 67, 70
Tertullian 99

Thierry, Wilhelm von 103
Thomas von Aquin 38, 128, 158f
Thomas, Keith V. 27
Tuan Mac Cairill 17, 20
Turandot 31

Venus/Aphrodite 99, 157
Vives, Juan Luis 145
Vögtle, Anton 77
Volk, Hermann 68

Wachter, Eva 76
Ward, Mary 67
Weakland, Rembert 74

Weinreb, Friedrich 104
Weizsäcker, Victor von 92
Wenger, Paul Wilhelm 18
Wesel, U. 22
Wilhelm, Richard 15
Willemer, Marianne von 48
Winter, Urs 151
Wittgenstein, Ludwig 160
Wolff, Hanna 153

Yallama 22

Zeno von Verona 78
Zeus 27, 34, 112
Zimmer, Heinrich 31

Die Vorlage zum Personenverzeichnis wurde erstellt von Dr. Wilhelm Steinmetz, Regensburg.